TRENDS UND LIFESTYLE

FREIBURG UND BREISGAU

SIGRID HOFMAIER • ANDREAS GERHARDT

TRENDS UND LIFESTYLE

FREIBURG UND BREISGAU

SIGRID HOFMAIER • ANDREAS GERHARDT

Denkmalgeschützte Wiwilí-Brücke mit Herz-Jesu-Kirche im Hintergrund

Inhalt

Freiburg und Umgebung

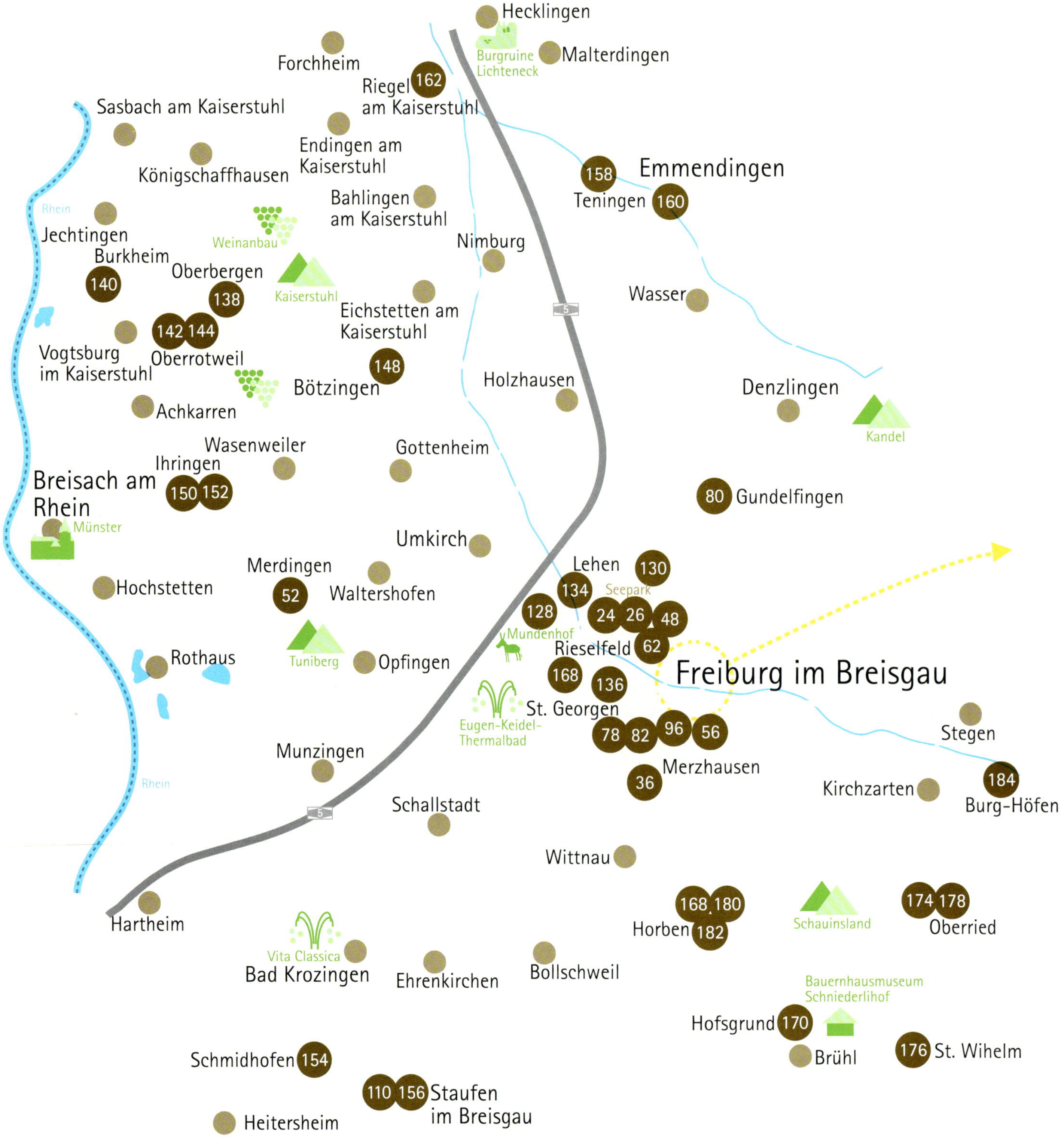

Die angegebenen Zahlen (120) sind identisch mit den Seitenzahlen der einzelnen Betriebe in diesem Buch und bezeichnen ihre Lage in der Region.

Freiburg im Breisgau
Zentrum

Konviktstraße mit Schwabentor im Hintergrund

Vorwort

Jubel: Es gibt sie noch, die wirklich guten Adressen! Wie gespannt waren wir zu Beginn der Besuche bei all den Geschäften, Firmen, Kunststätten, Restaurants, Hotels sowie landschaftlichen Höhepunkten dieses Buches. Und wie reich beschenkt kehrten wir zurück. Menschen und ihre Geschichten, ihre Talente und Leidenschaften, ihr Wesen und Wirken stehen im Mittelpunkt unserer Arbeit. Satt haben sie uns gemacht, sehend, hörend, wenn wir uns einfühlten in ihren Lebens- und Wirkungskreis. Vieles war uns schon bekannt, manches haben wir wiedererkannt oder neu entdeckt und in seiner ganzen Fülle erfahren. Wir hatten aber auch Glück bei unseren Recherchen, waren gut gelaunt und sehr gespannt auf alles, was uns da begegnen würde. Und: Das Wetter war ganz auf unserer Seite in diesem Frühjahr 2011, das schon fast ein Sommer war mit seinen klaren sonnigen Tagen und den Sternennächten über Freiburg und Umgebung.

Es traf sich gut, dass die Autorin vor einiger Zeit ein kleines Büchlein in die Hand bekam. „Urlaub in meiner Stadt". Lange hat sie es gehortet, immer wieder darin gelesen, sich an Texten und Fotos erfreut – und schließlich einer guten Freundin geschenkt. Nicht einfach so, sondern mit dem Versprechen: Wir beide machen uns demnächst mal auf, unsere Stadt mit den Augen von Fremden zu sehen. Manchmal scheinen sich Wünsche und Ideen kongenial zu verbinden: Für dieses Buch in unserer Nachbarschaft unterwegs sein zu dürfen, war nicht nur in diesem Zusammenhang ein echtes und lange nachwirkendes Geschenk.

Wir freuen uns also, den Lesern und Nutzern dieses Buches nahebringen zu können, was Freiburg und den Breisgau ausmacht: das vielfältige Engagement seiner Geschäftsleute, Gastronomen und Dienstleister, seiner Institutionen und Möglichkeiten. Ganz wunderbar an dieser Reise in die eigene Stadt, ins vertraute Umland, war die Entdeckung von Menschen, die ganz in ihrem Metier aufgehen. Eine flächendeckende Erfahrung: Kundenorientierung ist kein leeres Wort, sondern eine Haltung. Wie oft haben wir schon erlebt, dass eine schöne Fassade allzu oft eben nur eine gut geschminkte Hülle ohne wertvollen Inhalt ist. Hier, in diesem Buch, gibt es keine Potemkinschen Dörfer. Hier finden Sie nur Menschen, die ihre Berufung zum Beruf gemacht haben. Täglich leben sie ihre Leidenschaft, die sich dem Kunden unmittelbar und auf sehr persönliche Art mitteilt. „Egal, was man macht, man muss es gut machen" – dieser Satz vom Gastronom Peter Birmele aus Ihringen könnte als Motto über diesem Buch stehen. Denn alle, die hier beschrieben sind, machen ihre Sache gut. Sehr gut sogar! Dafür bedanken wir uns in fein aufeinander abgestimmten Bildern und Texten bei allen unseren Gastgebern – und wünschen unseren Lesern viel Freude mit dem Buch: Mögen Sie sich überall so gut aufgehoben fühlen wie wir!

Freiburg, im Sommer 2011

Sigrid Hofmaier & Andreas Gerhardt

Kultur mit Bodenhaftung – Freiburg hat, was alle suchen

Münzgasse

Mensch, kommst Du nach Freiburg, dann wappne Dich mit Neugier, offenen Sinnen und Muße. Staune und freue Dich, denn hier findest Du alles, was man sich an urbaner Idylle auf Erden wünschen kann, auf überschaubarem Raum: eine wechselvolle Geschichte, die Spuren bis in die Gegenwart hinterlassen hat; eine idyllische Altstadt mit vielen „Gässle und Bächle“, holprigem Kopfsteinpflaster und mediterraner Lebensart; eine Universität von internationalem Format; Kunst und Kultur in jedem Winkel; Reben in nächster Nähe und einen Aufbruch in die Zukunft namens „Green City“. Interessanterweise passt das alles irgendwie ganz wunderbar zusammen. Und sogar das Wetter spielt mit. Kein unwesentlicher Faktor, denn das südbadische Naturell ist ein durchweg sonniges. Dass „hier alle so nett“ sind, wie vor allem die norddeutschen und hauptstädtischen Gäste immer wieder ebenso staunend wie sehnsüchtig bemerken, kommt nicht von ungefähr: Harmonie ist in Freiburg eine Primärtugend.

Angefangen hat alles mit dem hochnoblen Geschlecht derer von Zähringen: Die Herzöge gründeten die Stadt an der Dreisam im Jahr 1120. Vom Schlossberg, der sich mitten in der Stadt erhebt, regierten sie bald ein bedeutendes Handelszentrum. Die Grafen von Urach übernahmen die Herrschaft, nachdem die Zähringer 1218 keine Nachkommen mehr vorweisen konnten, und nannten sich fürderhin Grafen von Freiburg. 1368 begaben sich die Bürger der freien Stadt Freiburg unter die Herrschaft der Habsburger. Eine kluge Entscheidung, stieg die Stadt 1648 gar zur Hauptstadt und damit zum Regierungssitz von Vorderösterreich auf. 437 Jahre währte diese Geschichte, die Spuren hinterlassen hat: der „Basler Hof“ in der Kaiser-Joseph-Straße, die Fenster für Kaiser Maximilian V. und Karl V. im Münster, das Doppeladlerwappen im alten Rathaus, das Wappen am Historischen Kaufhaus erinnern an die Habsburger. Doch auch die leichte Art, das Leben zu lieben und zu feiern, schreibt der Breisgauer seinen österreichischen Herrschern zu, die Freiburg als „ziemblich schöne, wolerpawne Stadt“ beschrieben.

„Gässle und Bächle"

Theater Freiburg

Mittelalterlicher Mittelpunkt ist ohne Zweifel das Freiburger Münster. Ursprünglich als Pfarrkirche der Stadt geplant, zog sich der Bau von 1200 bis 1536 hin und machte die Stadt zum Standort des „schönsten Turms der Christenheit", wie der Kunsthistoriker Jacob Burckhardt zitiert wird. Selbst der verheerende Bombenangriff im November 1944 konnte dem Münster nichts anhaben. Der Besuch des Münsters und die Turmbesteigung sind Höhepunkte jeder Freiburg-Erkundung.

Die Gründung der Albert-Ludwigs-Universität im Jahr 1457 brachte der Stadt einen bislang ungebremsten Aufschwung. Geistes- und Sozialwissenschaften machten den Anfang, Rechts-, Wirtschafts- und Naturwissenschaften folgten und mündeten 1995 in der 11. Fakultät für Angewandte Wissenschaften mit den Fächern Mikrosystemtechnik und Angewandte Informatik. 140 Studiengänge in Gebäuden, die eine Fläche von 437 000 Quadratmetern einnehmen, bietet die Universität Freiburg. Über 20 000 Studenten leben in der Stadt und prägen ihr Gesicht – darunter auch junge Menschen, die sich an der Pädagogischen Hochschule, den beiden Hochschulen für Sozialwesen, der Musikhochschule, Jazz und Rockschule, Freien Hochschule für Grafik, Design und Bildende Kunst sowie etlichen weiteren Instituten auf ihren Beruf vorbereiten.

„Kultur braucht Kultur", so der Slogan einer Freiburger Agentur, die seit einiger Zeit mit diversen Aktionen auf die hohe Dichte Kulturschaffender in der Stadt und im Umland aufmerksam macht. Man kann das einfach glauben und gleich selbst erfahren: Freiburgs Kulturszene lebt von der Vielfalt auf hohem Niveau. Etabliertes steht hier gleichbe-

Das Historische Kaufhaus

Colombischlössle

rechtigt neben der freien Szene, unzählige Mischformen bieten für jeden Anlass und Geschmack garantiert das Passende. Das dreispartige Stadttheater hat gerade seinen 100. Geburtstag gefeiert und macht mit Inszenierungen von hohem Rang und innovativer – auch politischer - Präsenz auf sich aufmerksam. Unter der Intendanz von Barbara Mundel ist hier etwas gelungen, wovon andere Stadttheater nur träumen können: Alle Bevölkerungs- und Altersschichten profitieren von „ihrem Theater", das zunehmend mobil wird und in die Stadtteile kommt. Das Konzerthaus lockt mit Gastspielen internationaler Musikstars, das 1987 eröffnete Jazzhaus im ehemaligen Keller des Weinschlösschens wurde von „Jazzpapst" Joachim-Ernst Berendt als „sicherlich einer der schönsten Jazzkeller der Welt" geadelt.
Die Museen der Stadt verbinden beispielhaft lokale Eigen-Arten mit globaler Kunst-Fülle: Das Museum für Stadtgeschichte am Münsterplatz liegt nur wenige Schritte vom gerade aufwendig restaurierten Augustinermuseum am gleichnamigen Platz entfernt. Hier lässt sich Heimat als Wert-Marke unmittelbar begreifen. Das Naturmuseum schräg gegenüber hat sich in den vergangenen Jahren als Hort natürlicher Lebensräume in Verbindung mit Erdgeschichte für die ganze Familie emanzipiert. Das Museum für Neue Kunst zeigt Meisterwerke von der Klassischen Moderne bis zur Gegenwart im regionalen und internationalen Kontext. Das Archäologische Museum ist im historischen Colombischlössle untergebracht und präsentiert älteste bis mittelalterliche Kunstwerke aus Südbaden in einer festen Sammlung und zeigt darüber hinaus thematische Ausstellungen. Zeitgenössische Kunst bieten – neben den privaten Galerien – der Kunstverein Freiburg, das Kunsthaus L6, die Sammlung Morath und der Kunstraum Alexander Bürkle. Einen umfassenden Blick auf die Ausstellungen und Veranstaltungen der überregionalen Kunstszene gibt das Portal „artline" als Print-Magazin und Online-Plattform.
Die Musikszene in und um Freiburg lebt vom ihren internationalen Protagonisten. Die hochkarätigen Konzerte des Philharmonischen Orchesters und des Sinfonieorchesters des Südwestrundfunks sind ebenso begehrt wie die Aufführungen renommierter Ensembles im Umfeld von Klassik und Moderne. Am Sommeranfang pilgern ganz Südbaden und die Nordschweiz zum Zelt-Musik-Festival am Mundenhof. Viel zu entdecken also in Freiburg und im Umland. Immer „symbadisch" und stets mit Bodenhaftung.

Zelt-Musik-Festival

Augustinermuseum

Münster

Freiburger Münsterbauverein

Freiburger Münsterbauverein e. V.

Schoferstraße 4
79098 Freiburg

Telefon 07 61 / 3 34 32
Telefax 07 61 / 3 95 27
www.muensterbauverein-freiburg.de

Darüber nachzudenken, wie Menschen ihr ganzes Leben in den Dienst einer Aufgabe stellten, deren Vollendung sie nicht erleben, macht ehrfürchtig. Nahezu 350 Jahre dauerte der Bau des Freiburger Münsters. Generationen von Baumeistern, Handwerkern, Helfern waren damit beschäftigt, den Sandsteinbau zu planen, konstruieren und bauen. Seit 1890 ist der Freiburger Münsterbauverein ein Garant für den Erhalt der Bausubstanz. Darüber hinaus kümmert sich der Verein um Forschung und Dokumentation rund um die zentrale Pfarrkirche.

Himmelwärts strebend und doch erdverbunden: Das Freiburger Münster – Wahrzeichen der Stadt – verbindet Vergangenheit mit Gegenwart und Zukunft. Das faszinierend facettenreiche, von 1200 bis 1536 errichtete Bauwerk vereint die typische Bauweise eines Kirchenbaus im romanischen Stil mit der eines spätgotischen Kathedralbaus. Der Turm mit der durchbrochenen Pyramide gilt als eine der reifsten Leistungen, die die europäische Gotik in der Gestaltung von Kirchentürmen hervorgebracht hat.
Der Freiburger Münsterbauverein betreibt einen eigenen Steinmetzbetrieb: die Münsterbauhütte. 13 Steinmetze sind hier beschäftigt, sechs weitere sind ständig vor Ort am Turm zugange. Sie alle arbeiten vorwiegend mit Hammer und Meißel, wie vor 800 Jahren. Es gibt viel zu tun, denn der Zahn der Zeit nagt am „schönsten Turm der Christenheit“. Und das nicht erst seit gestern: Buntsandstein ist ein weicher und für Umwelteinflüsse anfälliger Stein, dem speziell der saure Regen zugesetzt hat. Das archaische Gefühl bei der Bearbeitung des Steins können die Besucher alljährlich bei einem Tag der offenen Tür nach-

empfinden. Vor allem Kinder sind fasziniert von dem direkten Kontakt mit dem Stein, wollen gar nicht mehr davon lassen.

Im Münsterladen in der alten Münsterbauhütte kann man sich über das Münster kundig machen, mit Literatur versorgen, Originalsteine und Modelle des Bauwerks, Postkarten, CDs, Videos und Poster erwerben. Der Erlös aus dem Verkauf kommt der Erhaltung des Münsters zugute. Außerdem ist hier an jedem ersten Samstag im Monat um 14 Uhr der Treffpunkt für eine offene Führung durch die Münsterbauhütte.

Jährlich müssen mehrere Millionen Euro aufgebracht werden, um das Freiburger Münster zu sichern und zu erhalten. Freunde und Förderer sind hierfür dringend notwendig: „Wir brauchen die Hilfe vieler", bekräftigt Münsterbaumeisterin Yvonne Faller. Ihr leidenschaftliches Plädoyer für Bürgerbeteiligung orientiert sich an einer Haltung, die auch Halt gibt: das Bewusstsein, miteinander etwas bewegen zu können. Jede und jeder, sagt sie, könne sich der historischen Verantwortung der Bürgerschaft für den Erhalt der Freiburger Pfarrkirche anschließen. „Auch kleine Beiträge sind uns willkommen", betont die Architektin. Knapp 5 100 Mitglieder sind es aktuell und das Selbstverständnis wächst. Mit Wahrnehmung, Ideen, Engagement und Spenden wird das Münster auch in Zukunft das eindrucksvolle Wahrzeichen einer stolzen freien Stadt sein.

Alte Wache – Haus der badischen Weine

Alte Wache – Haus der badischen Weine Freiburg
Geschäftsführerin: Alixe Winter

Münsterplatz 38
79098 Freiburg

Telefon 07 61 / 20 28 70
Telefax 07 61 / 2 02 87 13
www.alte-wache.com

Dem badischen Wein in all seinen Facetten widmet sich die Alte Wache am Freiburger Münsterplatz. Unter der Leitung der Weinküferin und Marketing-Fachfrau Alixe Winter hat sich das Konzept der Vielfalt badischer Weine zu einem Erfolgsmodell entwickelt: Die Gäste sind begeistert und kommen immer, immer wieder.

Es hat lange gedauert, bis es soweit war, damals, erinnert sich Alixe Winter. „Damals", das war die Zeit vor dem Jahr 1997, als das der Stadt Freiburg gehörende historische Gebäude Alte Wache auf der Ostseite des Münsters endlich zu dem wurde, was die Freiburger und ihre Gäste lange vermisst hatten: eine Repräsentanz des badischen Weins in Freiburgs guter Stube, dem Münsterplatz. Seit ihrem Bau als Hauptwache für die Wachgarnison der vorderösterreichischen Regierung im Jahr 1733 wurde das Gebäude bis ins 19. Jahrhundert militärisch genutzt. Nach der Übereignung an die Stadt Freiburg diente es diversen zivilen Zwecken, eine Zeit lang auch als „Winterschule" und zuletzt als Toilettenanlage für den Münsterplatz. Der Rückbau zur alten Struktur gelang 1996, im Folgejahr eröffnete das Gebäude als Alte Wache – Haus der badischen Weine.

Möglichst viele badische Winzer wollte man damals ins Boot holen und mit der Alten Wache einen Treffpunkt für Weingenuss etablieren. Das Experiment ist gelungen: 39 Gesellschafter zählt das Haus der badischen Weine mittlerweile. Aus über 100 Wein- und Sektsorten der Anbaugebiete Kaiserstuhl, Tuniberg, Markgräflerland, Breisgau und Ortenau kann der Gast wählen, wird kompetent und freundlich beraten, kann die edlen Tropfen im offenen Ausschank probieren und mit nach Hause nehmen. Ihr badisches Achtele oder Viertele genießen die Gäste täglich außer sonntags ab 10 Uhr im Probier- und Verkaufsraum unter dem Kreuzgewölbe oder auf der Rebterrasse mit Blick auf den südlichen Münsterplatz. Nicht selten mundet der geschmeidige heimische Tropfen so gut, dass die Gäste sich den Lieblingswein mit nach Hause nehmen oder zuschicken lassen. Innerhalb Freiburgs gestaltet sich der Versand ab 18 Flaschen versandkostenfrei; selbstverständlich kümmern sich die weinkundigen Fachfrauen der Alten Wache auch um den nationalen und internationalen Versand. Neben den Weinen, die von den Mitarbeiterinnen direkt am Regal erklärt und empfohlen werden, ist der Shop auch eine Fundgrube für saisonale Geschenke rund um den Weingenuss: Korkenzieher, Weinkühler, Kühlmanschetten, Servietten, Karaffen, Gläser und Literatur werden hier angeboten.

Der „Raum für Weinkultur" im ersten Obergeschoss der Alten Wache ist der ideale Rahmen für Veranstaltungen und Feierlichkeiten offizieller und privater Natur. Neben den regelmäßigen „Weinerlebnissen" – von der Alten Wache angebotenen Themenabenden, die Wein beispielsweise in Verbindung mit Käse, Schokolade und Sushi präsentieren – kann der Raum auch für Tagungen, Hochzeiten, Geburtstage, Firmenevents und weitere Gelegenheiten angemietet werden. Das Service-Team der Alten Wache arbeitet ein persönliches, maßgeschneidertes Angebot mit Speisen assoziierter Caterer und einer passenden Weinauswahl aus. Auch das kulturelle Rahmenprogramm lässt sich hier individuell buchen. Die Vier-Jahreszeiten-Events – Jahrgangsparty, Freiburger Weinfest, Herbsthock und Weihnachtsmarkt – sind beliebte Gelegenheiten, sich mit den bewährten Tropfen und neuen Produkten bekannt zu machen.
Als die Alte Wache sich im November 2006 auch auf das Gebiet des Glühweins begab, entfachten die Spezialitäten der kalten Jahreszeit wahre Begeisterungsstürme: „Unser hausgemachter Jahrgangsglühwein ist zum Kultgetränk geworden", bestätigt Alixe Winter den Erfolg des heimischen Heißgetränks. Neben dem klassischen roten Glühwein gibt es auch eine weiße Variante. Angeboten

werden die beliebten, qualitativ hochwertigen und fruchtigen Varianten auf dem Weihnachtsmarkt der Stadt Freiburg und in der Alten Wache selbst. Eine besondere Attraktion bietet sich dem Gast, der sich an einem späten Winternachmittag die Finger am geschmackvollen Glühweinglas unter den Arkaden der Alten Wache wärmt: Eingemummelt in eine kuschelige Decke träumt er sich mit Blick auf die fallenden Schneeflocken im Schein der Laternen in Frau Holles Reich.
Eine weitere Neuerung folgte 2008: Der „Traubensecco" ist ein spritzig-fruchtiger Traubengenuss ohne Alkohol. „Endlich eine Alternative für diejenigen, die keinen Alkohol trinken möchten oder dürfen", freut sich Alixe Winter. Seit 2010 sind selbst Eisheilige zu Gast in der Alten Wache: Die „Kalte Sofie" ist die jüngste Kreation der Genussrevolutionärin. Das eisig-sinnliche Weinerlebnis bietet „weißheilig" und „kaltblütig" wahre Geschmacksexplosionen der halbgefrorenen Art: „Während die Zunge wie durch Tiefschnee fährt, erlebt der Gaumen ein wahres Feuerwerk ...", verspricht die sensorische Beschreibung des Sommergetränks. Fruchtig, frisch und eisgekühlt hat sich die „Kalte Sofie" innerhalb kürzester Zeit eine große Fangemeinde erobert. Natürlich ist das noch lange nicht das Ende der Innovationen: Demnächst können sich die Gäste künstlerisch gestaltete Etiketten aussuchen, außerdem verspricht seit Juni 2011 ein „Weinbike" spaßiges Weinerleben.
Freiburg möchte Alixe Winter weiter als Stadt des Weines voranbringen. „Eines meiner größten Ziele war von Anfang an, dass die Freiburg-Besucher gemeinsam mit den Einheimischen ihr Feierabendgläsle in lockerer Atmosphäre bei uns genießen", sagt die ebenso kompetente wie charmante Geschäftsführerin. Ihr Wunsch ist in Erfüllung gegangen und das denkmalgeschützte Haus der badischen Weine nicht nur geografisch in der Mitte Freiburgs angekommen. Die „Geburtswehen" haben sich gelohnt: Alixe Winter kann seit knapp 15 Jahren ihren Traum leben – stetiges Wachstum inklusive. Und immer noch ist sie begeistert vom „schönsten Arbeitsplatz in Freiburg", den sie mit ihrem ebenso fachkundigen wie weinbegeisterten Team aus fünf Mitarbeiterinnen teilen kann.

ALTE WACHE
HAUS DER BADISCHEN WEINE

Langenbeck – Historische Türen & Baustoffe

Langenbeck
Historische Türen – Historische Baustoffe
Florian Langenbeck

Mülhauser Straße 8
79110 Freiburg

Telefon 07 61 / 13 58 01
Telefax 07 61 / 13 58 02
www.historische-tueren.de

Florian Langenbecks Leidenschaft gilt historischen Türen und Baustoffen aus einer längst vergangenen Zeit. Damit hat er seit über 20 Jahren Erfolg. Menschen auf der Suche nach handwerklich gefertigten Bauteilen mit Patina für ihren Alt- oder Neubau entdecken in einer Randlage der Freiburger Weststadt auf 4 000 Quadratmetern ein veritables Universum.

Was gibt es nicht alles zu finden bei Langenbeck: ein- und mehrflügelige Haus- und Innentüren, Fenster und Fensterläden, Beschläge, Gartenzäune und Geländer, Mühlsteine und Ziegeln, Badewannen und Öfen, Lampen und vieles mehr. Historische Originale aus der Zeit von 1700 bis 1930 sind die Regel, aber auch „Skurriles, Seltenes, Zweckfreies, Dekoratives und all das, was sonst nirgends reinpasst“ ist auf drei Etagen zu finden. Alle Artikel werden mit Respekt und Ehrfurcht sorgfältig und unter Erhalt der Gebrauchsspuren gereinigt. „Unser Hauptaugenmerk liegt auf ein- und zweiflügeligen Haustüren“, sagt Florian Langenbeck, der sich dieser Aufgabe mit seinen sechs Mitarbeitern widmet. Vom Haus vermittelte Fachschreiner bringen die Tür dann auf den aktuellen Sicherheitsstand. Die Aufdoppelung mit Dichtung, Isolierglas und Mehrpunktversiegelung richtet sich nach dem individuellen Bedarf.
Am besten, man überzeugt sich selbst, ist offen für ungeahnte Möglichkeiten und lässt sich überraschen. Das tun viele, der Laden brummt. Die Kunde von Langenbecks Leidenschaft für einmalige und

noch dazu besterhaltene Kuriositäten hat die südbadischen Gefilde längst überschritten: Von überallher, aus dem ganzen deutschsprachigen Raum, aus Frankreich und Italien kommen die Besucher. Die meisten haben sich zuvor auf der Internetseite des Unternehmens informiert: Jeder einzelne Artikel ist dort in Bild und Text mit Maß und Preis zu begutachten. Einbaubeispiele und erfolgreich geheilte Bausünden gehören ebenso zum Repertoire des unterhaltsamen Online-Katalogs wie praktikable Lösungen, die wahren Wundern gleichen.
Der zehn- bis zwölfmal jährlich an die Fans verschickte Newsletter und das gemeinsam mit Mila Schrader verfasste Buch „Türen, Schlösser und Beschläge als historisches Baumaterial“ machen Lust auf eine echte Begegnung mit Langenbecks Faible für die Materie. Einmal hier, verliert man sich, wird hungrig vom Sehen und satt vom Eintauchen in eine Zeit, die Wert und Arbeit noch mühelos in einem Substantiv vereinte. Doch wie das alles nach Hause schaffen? „Der Transport ist das geringste Problem“, beruhigt Florian Langenbeck. Die Kooperation mit verschiedenen Speditionen funktioniert problemlos, Kunden in der Bauphase bietet Langenbeck die Einlagerung der guten neuen alten Stücke an. Ein Wunsch zum Schluss? „Wir wünschen uns offene Kunden, die eher finden als suchen.“ Kein Problem: Wer hier ankommt, ist gleich weg – vor Glück!

Replicata

Replicata
Verena Kohlbrenner & Florian Langenbeck

Mülhauser Straße 8
79110 Freiburg

Telefon 07 61 / 1 51 88 33
Telefax 07 61 / 1 51 88 34
www.replicata.de

Replicata, der Fachhandel für formschöne Reproduktionen historischer Baudetails, lebt für all das, was ein Gebäude, einen Wohnraum so besonders macht und dem Haus ein spezielles, stilistisch stimmiges Gesicht gibt.

Elegante Formen, stilvolle Elemente, besondere Accessoires: Reproduktionen authentischer Baudetails in den richtigen Proportionen, angepasst an die technischen Erfordernisse der Gegenwart, haben Hochkonjunktur bei Menschen, die schöne alte Formen schätzen, aber auch realisieren, dass die Originale endlich sind. Wie schön, dass es Replicata gibt! Seit elf Jahren widmen sich die Replicata-Mitarbeiter der Formenvielfalt früherer Jahre. Im selben Gebäude wie Langenbeck Historische Türen lässt sich die große Bandbreite detailgetreuer Nachbildungen von Beschlägen für Türen und Fenster über Badewannen, Wand-und Bodenfliesen, Messing-Klingelplatten, Elektroschaltern bis zu Accessoires besichtigen und anfassen. Eine Schatzkiste für alle, die einen Altbau sanieren und nach den stilgetreu passenden Bauelementen suchen wie auch für diejenigen, die ihrem modernen Ambiente mit reizvollen alten Formen ein einmaliges Flair verleihen möchten.
Alle Produkte sind im liebevoll und aufwendig gestalteten Katalog und auf der deutsch- und englischsprachigen Internetseite brillant dargestellt. Hier kann man sich Appetit holen auf das, was einen bei Replicata in natura erwartet. Replicata-Kunden kommen aus ganz Europa und Über-

see. Sie alle können sich auf beste handverlesene Qualität verlassen. Ihre Lieferanten finden Verena Kohlbrenner und Florian Langenbeck in kleinen, zumeist europäischen Manufakturen. Mit ihrem geschulten Blick können sie auf Anhieb die Spreu vom Weizen trennen und gehen Kooperationen mit Betrieben ein, die sich auf ihr Handwerk verstehen. Die Replicata-Mitarbeiter profitieren von dieser akribischen Genauigkeit: Einmal jährlich können sie vor Ort die „Handschrift" eines Lieferanten direkt erleben: „Wenn man weiß, wie die Dinge produziert werden, kann man ganz anders beraten", bestätigen die Inhaber. Und Beratung ist schließlich das Hauptgeschäft: Per Telefon, E-Mail und im ausführlichen persönlichen Gespräch sind die Mitarbeiter stets bemüht, genau das Richtige – wenn gewünscht, auch in größerer Anzahl – für den Kunden zu finden. Dafür ernten sie viel Zustimmung: „Ich bin froh, dass ich Sie gefunden habe!", lautet eine typische Kundenreaktion. Bei Replicata freut man sich über die Rückmeldungen, zeigen sie doch, dass das Sortiment auf Gegenliebe stößt. Ihr Wissen geben die Fachleute gerne weiter. So sind Beratungen vor Ort ebenso selbstverständlich wie Reproduktionsaufträge nach individuellen Vorstellungen.
Dass die Kunden stolz auf ihre stilistisch und atmosphärisch stimmigen Errungenschaften sind, zeigte sich beim Fotowettbewerb zum zehnjährigen Jubiläum: Motive von Replicata-Produkten in ihrem Umfeld waren gefragt. Das Ergebnis sei überwältigend gewesen, berichtet Verena Kohlbrenner: „Unsere Kunden zeigen gerne, wie sie unsere Produkte bei sich zu Hause einbauen." Gelebtes Gespür bis ins Detail eben.

Das Möbelkabinett

Das Möbelkabinett
Ingo Poersch
Tischlermeister

Konviktstraße 9
79098 Freiburg

Telefon 07 61 / 2 08 85 88
Telefax 07 61 / 2 08 85 88
www.moebelkabinett.de

Wohnraummöbel aus eigener Werkstatt präsentiert Ingo Poersch in seinem kleinen, feinen Laden in der Konviktstraße. „Möbel fürs Leben" aus Massivholz - klassisch, zeitlos und wertvoll - stellt der Tischlermeister auf Wunsch und nach Muster her. Passende Accessoires gilt es ebenfalls zu entdecken.

Schlichte, formschöne Möbel mit kräftiger und doch eleganter klarer Linie aus edlen Hölzern und harmonischer Maserung in eigener Werkstatt hergestellt: Ingo Poersch liebt das Besondere im Einfachen. Dass nichts so schwierig ist wie das Geradlinige mit sicherem Gespür für handwerkliche Tradition und Proportion, das ist ihm Ansporn und Verpflichtung zugleich. Der Tischlermeister ist ein sensibler Könner seines Handwerks und Holz ist seine Passion. Besonders Kirschbaum hat es ihm angetan. Das lebendig rotschimmernde Holz lässt sich nicht nur perfekt verarbeiten, es ist auch ein zeitloser Klassiker für nachhaltige Möbel aus heimischen Gefilden. Daneben sind Nussbaum, Eiche und Buche bevorzugte Materialien. Traditionelle Holzverbindungen wie Schlitz und Zapfen, Schubladen nach Maß und Ansteckverlängerung für ausziehbare Tischplatten: Jedes Stück wird individuell auf den Kunden zugeschnitten, ist ein Unikat mit Stil und Persönlichkeit.

Muster der meisterlichen Produktion sind im Laden ausgestellt und können je nach Wunsch auf Maß gefertigt werden.
Ingo Poersch hat aus seiner Leidenschaft ein einträgliches Handwerk gemacht und vor zehn Jahren das Ladengeschäft in der Konviktstraße eröffnet. Im Möbelkabinett korrespondieren Ess- und Schreibtische, Beistelltische, Stühle, Bänke, Kommoden, Schränke, Stehpulte und Vitrinen aufs Beste mit ausgesucht formschönen und gleichzeitig funktionalen Zubehörteilen: liebevoll restaurierte Antiquitäten, hochwertige Lampen und ausgefallene Accessoires, wie zum Beispiel passgenaue Stuhlkissen in vielerlei Dekors aus einer bayrischen Manufaktur. Selbstverständlich ist Ingo Poersch auch gefragt, wenn es darum geht, ein besonderes Stück zu restaurieren: Nach einem fairen Kostenvoranschlag macht sich der Fachmann mit Akribie ans Werk, um dem guten alten Stück wieder zu neuem Glanz zu verhelfen.

„Zeit für das Wesentliche" suchen Besucher des Möbelkabinetts. Das sind Freiburger Kunden, ebenso wie Fans aus der nahen Schweiz oder ehemalige Studenten, die Sehnsucht nach ihrem Studienort haben. „Das A und O ist, dass der Kunde zufrieden ist." Dieser Anspruch des Möbelspezialisten und seine ausführliche Beratung werden immer wieder eindrucksvoll bestätigt: „Wir freuen uns noch jeden Tag über die neuen Möbel" oder „Wir erfreuen uns jeden Tag an den Stühlen und dem Tisch" sind typische Reaktionen derjenigen, die ihre Begeisterung weitererzählen und ihre Freunde ins Möbelkabinett schicken. Die Mundpropaganda wirkt und trägt die Kunde vom Möbelkabinett in alle Welt.

Kunst im öffentlichen Raum an der Fakultät für Angewandte Wissenschaften

Galerie pro arte

Galerie pro arte
Amala Berges & Annett-Maria Berges

Gerberau 2
79098 Freiburg

Telefon 07 61 / 3 77 68
Telefax 07 61 / 28 66 02
www.galerieproarte.de

Mit Gespür und Eigensinn hat es die Galerie pro arte geschafft, im Laufe der Jahre zu den wichtigsten Galerien in Freiburg zu gehören. Amala und Annett-Maria Berges sind sensible Kennerinnen der Kunstszene und richten sich nicht nach dem, was angeblich gerade gefragt ist. Damit begeistern sie ihre angestammten Freunde und Kunden ebenso wie Kunstkenner und Freiburg-Besucher.

„Eine Galerie hat die Aufgabe zu informieren", sagt Annett-Maria Berges. Wie sie es sagt, klingt es selbstverständlich und in sich stimmig. Es ist die selbstbewusst-gelassene Art, die die Galerie pro arte so besonders macht. Sie hat es nicht nötig, im Kunstgetöse ein Solo zu spielen. Die Auswahl, das Ambiente, der Ausdruck sprechen für sich. Die Ausdauer auch: Die Galerie pro arte zeigt jährlich sechs bis sieben Ausstellungen.
Den Schwerpunkt bilden verfremdet und erzählerisch gegenständlich arbeitende Künstler in Zeichnung, Malerei und Skulptur. Sie werden ergänzt durch Klassiker der Moderne wie Julius Bissier, Emil Schumacher, Fred Thieler, Bernard Schulze und Gerhard Altenbourg. Messebeteiligungen bei der Art Cologne, New Art Barcelona und Art Karlsruhe sind selbstverständlich für die Galeristinnen, deren Familien-Wahlspruch „Nie mit dem Ohr an der Schiene" sie immer wirksam vorm Überrolltwerden beschützt hat.
2004 haben Mutter und Tochter Berges ihre Galerie vom Schwabentor ans Martinstor verlegt, in die Gerberau, die Straße der Gerber. Die Terrasse über dem Gewerbebach Richtung Fischerau nutzen sie als Freiluft-Skulpturenausstellung. „Dieser Standort ist ideal für uns", sagt Amala Berges, die mit moderner Kunst hautnah aufgewachsen ist: Ihr Vater, Werner Berges, ist der wichtigste deutsche Pop-Art-Künstler. Ihrer Mutter, der gebürtigen Berlinerin Annett-Maria Berges, hatte eine Zeichenlehrerin früh das Mehr gezeigt: „Sie hat immer mehr getan als sie tun musste, hat angeboten, sich nachmittags mit uns am Kurfürstendamm zu treffen und Galerien zu besuchen." Ein Vorbild par excellence. Noch immer betritt die Galerie-Gründerin täglich begeistert ihren Wirkungskreis.

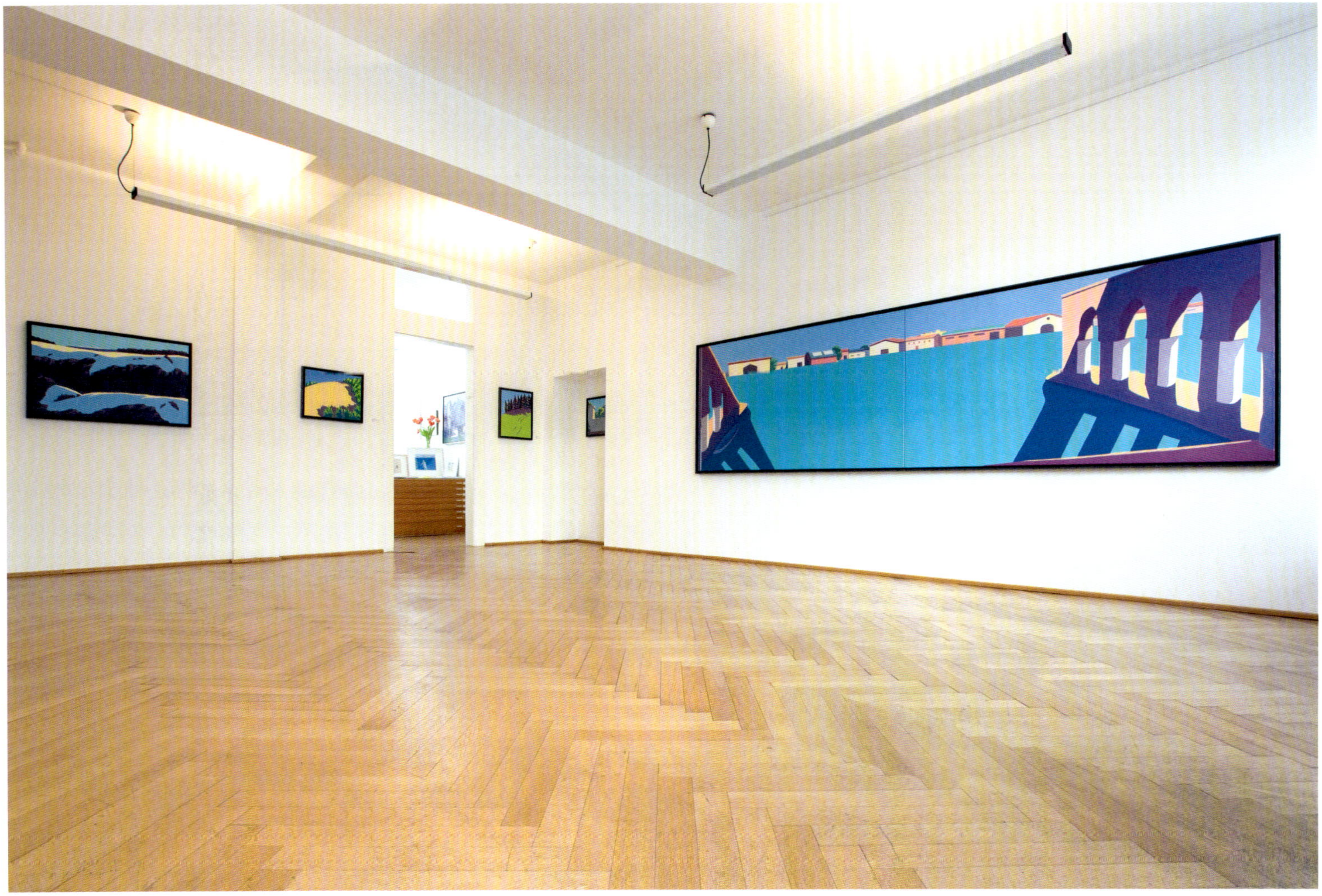

Sie genießt ihre Unabhängigkeit und die Treue zu Künstlern, die unbeeindruckt von Trends und Moden ihren eigenen Stil pflegen – und sich dabei durchaus entwickeln und verändern dürfen. „Mein Ziel ist es, das bestehende Programm der Galerie um meine speziellen Vorstellungen zu ergänzen und zu erweitern. Das macht die Arbeit für mich interessant und spannend", sagt Amala Berges. Besucher zu begeistern, sie anzuregen zu einer Auseinandersetzung mit der Kunst, mit der man selber gerne leben möchte – darin besteht der Anspruch, dem die Berges sich verschrieben haben. Eine Aufgabe, die die Galerie pro arte zum Forum über die Grenzen der Kulturstadt Freiburg hinaus gemacht hat.

Himmelsbach Reinigung Färberei

Himmelsbach Reinigung Färberei GmbH
Christian & Meinrad Himmelsbach

Gerberau 48
79098 Freiburg

Telefon 07 61 / 3 21 93
www.himmelsbach-reinigung.de

Die Kleidung als zweite Haut des Menschen spielt die Hauptrolle beim Traditionsbetrieb Himmelsbach Reinigung Färberei. In exponierter Lage über dem Gewerbebach, am historischen Schwabentor gelegen, ist die Familie bereits in vierter Generation damit betraut, aus hochwertigen verschmutzten Kleidungsstücken, Vorhängen und Teppichen „eine saubere Sache" zu machen. Gefärbt wird nur noch selten. Auch Kunststopfen gehört zum Angebot. 50 Annahmestellen verteilt auf die Stadt und das Umland sorgen für eine flächendeckende Versorgung der anspruchsvollen Kunden.

Seit 127 Jahren ist Himmelsbach ein Synonym für Sauberkeit und Pflege. Dabei ist Reinigen nicht gleich Waschen: „Wir bieten die ganze Palette der Textilpflege an: Wäsche, chemische Reinigung, Geruchsbeseitigung, Fleckbearbeitung und Imprägnierung", sagt Christian Himmelsbach, der die Reinigung zusammen mit seinem Bruder Meinrad leitet. Die professionelle Pflege eines hochwertigen Textil- oder Lederkleidungsstücks, eines Vorhangs oder Teppichs hat unmittelbar mit konsequenter Werterhaltung und Nachhaltigkeit zu tun: Gegenüber der Haushaltswäsche spart das umweltfreundliche Unternehmen bis zu 70 Prozent an Energie und Wasser ein. Ressourcensparende Wasch- und Reinigungsprogramme sind bei Himmelsbach die logische Folge aus einer stetigen Investition in höchste technische Standards. Darüber hinaus erzeugt die Firma ihren eigenen regenerativen Strom durch ein Blockheizkraftwerk und mit einer hauseigenen Wasserkraftanlage im Gewerbebach, der

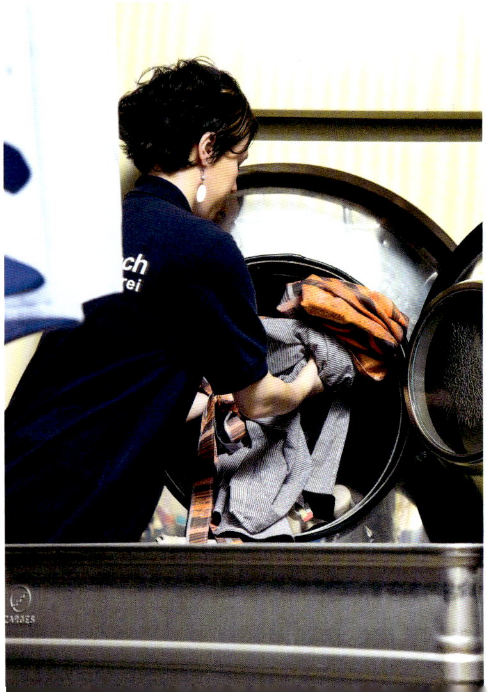

unter dem Haus verläuft. Überschüsse werden ins öffentliche Netz eingespeist. Auch die Abwärme wird durch verschiedene Wärmetauscher zurückgewonnen und wiederverwendet.

Die Brüder Christian und Meinrad Himmelsbach haben studiert und sind Handwerksmeister in vierter Generation. Und mehr als das: Ihre Leidenschaft gilt dem von jeher hohen Anspruch des Familienbetriebs. Die Zufriedenheit der 25 Mitarbeiterinnen und Mitarbeiter zwischen 18 und 86 Jahren ist ein wesentlicher Schlüssel für die kontinuierlich hohe Leistung, ebenso die Ausbildung und ständige Weiterbildung.

Das Engagement der Familie geht über den eigenen Tellerrand hinaus. Soziale Belange, Umweltfragen, Kulturelles: Die Umwelt wird nicht nur wahrgenommen, sondern achtsam mitgestaltet. Teilnehmen bedeutet hier auch immer Anteil nehmen am Leben im Quartier, in der Stadt, an den Menschen. So haben die Himmelsbachs einen Teil ihres Firmensitzes über dem Gewerbebach an Kunst-Publizisten vermietet und gemeinsam eine Installation zwischen Bach und Haus etabliert, die nächtens viel Aufmerksamkeit erregt. Einen „Glücksfall" nennt Dr. Christoph Schneider, Herausgeber des Kunst-Magazins Artline, diese Fügung, die Handwerk und Kunst aufs Vortrefflichste verbindet.

Die Kunden sind anspruchsvoll – und dürfen das auch sein. Die permanente Investition in Technik und Know-how zahlt sich aus: Die Qualität und Leistungsfähigkeit des Himmelsbach-Angebotes wird nicht nur von Privatleuten, sondern auch vom Einzelhandel, von Künstlern und großen Institutionen wie Theatern, Industriewäschereien, dem städtischen Konzerthaus und dem Europa-Park in Anspruch genommen.

Stiftungsweingut Freiburg

Stiftungsweingut der Stiftungsverwaltung Freiburg
Betriebsleiter: Thomas Schneider

Jesuitenschloss
79249 Merzhausen bei Freiburg

Telefon 07 61 / 40 47 14
Telefax 07 61 / 4 09 89 81
www.stiftungsweingut-freiburg.de

Geschichten schreiben Geschichte: Daran, dass die Schwächsten der Kranken im Heiliggeistspital Mitte des 14. Jahrhunderts mit täglich „vier Maß Wein" – nach heutiger Rechnung sind das sechs Liter – bedacht wurden, hat sich bis heute einiges geändert. An der Tatsache, dass das Stiftungsweingut sich größter Beliebtheit erfreut, allerdings nicht. Seit über 700 Jahren pflegt das Gut die weinbaulichen Traditionen in der Kultur sortentypisch ausgebauter Weine. Ein Glas ihres Heiliggeistweins bekommen die Bewohner der Einrichtungen jeden Sonn- und Feiertag gratis ausgeschenkt.

Spätburgunger Rotwein, Gutedel, Müller-Thurgau, Grau- und Weißburgunder, Chardonnay, Riesling und Merlot: Der weinseligen Vielfalt sind im Sortiment des Stiftungsweingutes der Heiliggeistspitalstiftung fast keine Grenzen gesetzt. Wein, Genuss, Kultur, Soziales – diese Begriffe sind für den Stiftungsdirektor Lothar A. Böhler keine Gegensätze, sondern Facetten des Lebens, die eng miteinander verknüpft sind. Historie, Tradition und Lebensqualität sind die Eckpfeiler der Heiliggeistspitalstiftung, dessen Weingut 16,2 Hektar unterschiedlicher Lagen am innenstadtnahen Schlossberg, rund um das Jesuitenschloss am Schönberg und am Tuniberg umfasst. Verantwortlich für das Weingut sind die Herren Thomas und Erwin Schneider – weder verwandt noch verschwägert, aber „beide angefressen von ihrem

Thema, ihrem Produkt und ihrer Region", so Böhler. Leichte, spritzige und frische Weine sind die Spezialität des Stiftungsweinguts.
„Dem Wohl der Bürger" ist das Stiftungsweingut seit 1298 verpflichtet. Schon um 1300 beschäftigte das Weingut einen eigenen Rebmeister. Hauptabnehmer sind mit einem Anteil von über 50 Prozent Privatkunden, 22 Prozent der sortenreinen Weine gehen in die regionale Gastronomie. In den eigenen Räumen am Jesuitenschloss – dort ist auch der Weinverkauf untergebracht – finden in der „Probierstube" Weinproben mit bis zu 26 Gästen statt, die „Zunftstube der Rebleute zur Sonne" bietet Platz für 120 Personen und kann auch für Veranstaltungen angemietet werden.

Lothar A. Böhler ist nicht nur Direktor der Stiftungsverwaltung Freiburg mit ihren sechs Stiftungen, darunter auch die Heiliggeistspitalstiftung, sondern auch Vorsitzender der im Mai 2008 gegründeten Vereinigung europäischer Stiftungsweingüter e. V. Mitglied können Weingüter werden, die Teil einer gemeinnützigen Stiftung oder eines Trägers sind, der soziale Aufgaben wahrnimmt. „Soziales Engagement in seiner schmackhaftesten Form" hat sich diese Vereinigung auf ihre Fahnen geschrieben. Es war noch nie so einfach, sich selbst und anderen mit jedem Schluck Gutes zu tun. Oder – in den Worten des Direktors: „Wir leisten mit unserem Weingut einen wunderbaren Beitrag zur Verbindung von traditioneller Weinkultur mit modernen sozialen Aspekten."

Goldschmiede im Schwabentor

Goldschmiede im Schwabentor
Hanne Beyermann-Grubert

Schlossbergring 2
79098 Freiburg

Telefon 07 61 / 3 25 57
Telefax 07 61 / 3 25 43
www.goldschmiede-im-schwabentor.de

Im Stadttor eine Goldschmiede: Im Fuß des Schwabentors, am Aufgang zum Schlossberg, in Blickweite des Münsters ist diese Lage in Freiburg einmalig. Beste Bedingungen für eine fast 40-jährige enge Beziehung zwischen Innen und Außen: Die Goldschmiede im Schwabentor ist der Inbegriff individueller Schmuckkreationen.

Aus dem alten Stadttor leuchtet das Fenster, die Goldschmiede lockt mit warmem Licht und feinem Schmuck ins liebe- und stilvoll restaurierte Innere. Wenn sich die Goldschmiedinnen nah ans Fenster setzen, sehen sie den Münsterturm. Mit Gespür für Material und Proportionen werden in eigener Werkstatt Armreifen, Ketten, Ringe, Ohrringe geschaffen, die mehr sind als dekorative Accessoires. Sie sind Ausdruck der Persönlichkeit eines Menschen in der ganz eigenen Formensprache der Goldschmiedinnen. Mit alten und neuen Schweißtechniken werden hochkarätiges Gold, Silber und Rheingold zu einzigartigen Kompositionen geformt. Silber, Palladium, ausgesuchte Farbedelsteine, Brillanten, farbiges Email geben jedem Unikat die persönliche Note. Darüber hin-

aus führt die Goldschmiede Schmuck in Damaszenerstahl, Glas und Pergament namhafter Designer. Die alten Griechen hatten für Ordnung, Schönheit und das Weltall den einen Begriff Kosmos. Diesem übergreifenden Prinzip von Ordnung und Schönheit fühlt sich Hanne Beyermann-Grubert mit ihrer Goldschmiede verpflichtet. Gemeinsam mit Christina Buchner, Renate Käthe Kiefer, Corina Walker und Mirjam Dreher bildet sie das Team der Goldschmiede im Schwabentor. Ein Team, das nicht nur so benannt ist, sondern Gleiche unter Gleichen meint, die sich auf Augenhöhe begegnen und gegenseitig beflügeln. „Wir pflegen den direkten Austausch", bestätigt die Gründerin und Inhaberin der Kreativschmiede. Das gilt gleichermaßen für das beratende und empfehlende Gespräch mit der Kundin, dem Kunden sowie untereinander: Alle Aufträge werden intensiv miteinander besprochen und so das genau Passende entwickelt. Sich in den Kunden einzufühlen, zu erspüren, was er oder sie sich wünscht und dieses dann in der eigenen Formensprache mit den passenden Proportionen umzusetzen – darin besteht die Kunst des individuellen handwerklich-künstlerischen Ausdrucks. Bei aller Kompetenz und Professionalität kommt die Spielfreude nicht zu kurz: Inspirationen aus dem Alltag, dem Umfeld, Kunst, Architektur und Malerei gehen in die Ideen der Schmuckkünstlerinnen ein, entwickeln ein Eigenleben in großzügig fließenden und kleinteilig gestalteten Elementen. Wunderbare Momente, so Hanne Beyermann-Grubert, sind die selbstvergessenen Stunden, in denen sie sich ganz im kreativen Tun verliert. Beim Schmieden ins Schwitzen zu kommen, das selbst Entworfene mit Herz und Hand genießen zu können – das macht glücklich, auch die Kundin: Dieses Strahlen in den Augen, wenn ein Schmuckstück ganz und gar mit der Trägerin verschmilzt – das sei eine wahre Sternstunde, bestätigen die Goldschmiedinnen.

Perfekter Dienst und beste Leistung – Nachhaltigkeit in und um Green City

Freiburg lebt von der Dienstleistung im weitesten Sinne. Das kann man nicht nur in der Statistik lesen, sondern auch im Alltag sehen. Keine rauchenden Schlote, keine kreischenden Sägen, keine hämmernden Maschinen. Viele kleine, individuelle Geschäfte und Betriebe haben hier ihr gutes Ein- und Auskommen. Ein einziges Industriegebiet – das Industriegebiet Nord – gibt es in Freiburg und ein weiteres ausgedehntes Gewerbegebiet – das Gewerbegebiet Haid –, in dem Autohaus, Verlagscampus, Medienschmiede und Solarfabrik einträchtig nebeneinander existieren.

Größte Arbeitgeber in Südbaden sind die Universität und das Universitätsklinikum. Bildung, Forschung und Lehre sind mithin das größte Kapital Freiburgs auf dem Weg in die Wissens- und Informationsgesellschaft. Arbeitswelt, Gesellschaft und soziale Zusammenhänge waren schon lange vor der Politik grün im Südwesten der Republik. Kein Wunder, hat man doch aus der in der Vergangenheit eher als negativ empfundenen relativen Abgeschiedenheit in der Südwestecke eine Tugend gemacht: Hier ist die Heimat nachhaltiger Zukunft.

Die „Green City“ setzt auf erneuerbare Energien

Erneuerbare Energien haben in Freiburg Hochkonjunktur, das Potenzial an tragfähigen Perspektiven ist ebenso hoch wie der Wille zum Wandel in Stadt und Land. Bereits 2007 ist die Stadt Freiburg den „Aalborg Commitments" beigetreten und hat einen „Nachhaltigkeitsrat" mit Beteiligung des Oberbürgermeisters, Stadträten, der Stadtverwaltung, Experten aus Umwelt, Kultur und Zivilgesellschaft geschaffen. Eine Stelle für „Nachhaltigkeitsmanagement" bei der Stadtverwaltung soll seit Jahresbeginn 2011 frische Ideen bündeln und ihre Umsetzung befördern. Der Professor für nachhaltige Politik an der Universität Lüneburg, Harald Heinrichs, bekräftigte denn auch in einem Vortrag vor dem Freiburger Nachhaltigkeitsrat: „So wie die Industrie mit ‚grünen Produkten', so muss sich auch die Politik daran messen lassen, wie glaubwürdig und beweisbar sie Nachhaltigkeit als Leitlinie in konkretes Handeln umsetzt".
Die Entwicklung nachhaltiger Entwürfe kommt der Stadt und dem Umland direkt zugute. Dienstleistung und Handwerk stehen hoch im Kurs: Mit ihrem konsequenten Märktekonzept – Begrenzung der Ansiedlung großer Märkte auf wenige dezentrale Flächen – hat sich die FWTM (Freiburg Wirtschaft Touristik Messe) bereits vor über 20 Jahren

Konzerthaus mit Kongresszentrum

Solarfabrik

ein Steuerungsinstrument geschaffen, das den Einzelhandel in der Innenstadt und in den Stadtteilen stärkt und stützt. Eine Maßnahme, von der die Besucher und auch die Freiburger Dienstleister profitieren. Der Einzelhandel ist zufrieden, die Gäste genießen das entspannte Leben in einer Stadt, deren Arbeitslosenquote bei nur vier Prozent liegt. Eine Kooperation mit den Landkreisen in der „Wirtschaftsregion Freiburg" sorgt in ihrer regionalen Ausrichtung für Gewerbe-Ansiedlungen im Umland. Auch die noch vor 25 Jahren umstrittene Deklarierung Freiburgs als „Kongress-, Messe- und Event-Stadt" trägt Früchte: Das Kongresszentrum im Konzerthaus und die Messe Freiburg sorgen für internationales Publikum bei Messen, Tagungen und Kongressen. Besonders die Nähe zum Universitätsklinikum generiert hochkarätige Veranstaltungen im medizinischen Umfeld. Großereignisse bringen die Übernachtungskapazitäten in Stadt und Umland an ihre Grenzen.

Die neun Partnerstädte Besançon (Frankreich), Innsbruck (Österreich), Padua (Italien), Guildford (Großbritannien), Madison (USA), Matsuyama (Japan), Lemberg (Ukraine), Granada (Spanien) und – erste und einzige Partnerschaft einer deutschen mit einer iranischen Stadt – Isfahan stellen sich, ihre kulturellen Schätze und Handelswaren einmal jährlich beim Partnerschaftsmarkt in Freiburg vor. Zahlreiche Bürgerreisen – teilweise auch langsam und mit viel Muße per Bus über Land und per Zug durch halb Europa – verbinden die Bürger der Städte miteinander und machen die vielzitierte Völkerverständigung zu einer selbstverständlichen Übung des direkten interkulturellen Dialogs, der neue Freundschaften hervorbringt. Die Präsentation der Stadt bei der Expo Shanghai im Jahr 2010 gilt als gelungene Öffnung ins Land der Mitte.

Die Chancen der Stadt in den nächsten Jahrzehnten sieht Freiburgs Wirtschaftsförderer, FWTM-Geschäftsführer Dr. Bernd Dallmann, in einem „Ökonetzwerk am Oberrhein“, das aus dem „Green City Cluster“ mit über 100 Mitgliedsfirmen über die Stadt hinauswirkt. Eventuell könnte „Green City“ gar als zentraler Begriff für die (umstrittene) Bewerbung um den Titel „Kulturhauptstadt Europas“ dienen. Kultur und Nachhaltigkeit zusammenzubringen – das ist ein Spagat, den Kulturamtsleiter Achim Könneke für einen Standortvorteil hält. Auch wenn bis 2020 noch viel Wasser die Dreisam hinunterfließt – gedacht und geplant wird im Südwesten schon länger.

Perfekter Dienst und beste Leistung haben ihren Preis. So muss sich auch Freiburg der Diskussion um hohe Grundstückspreise und Mieten für Gewerbetreibende stellen. Eine Gratwanderung zwischen Anspruch und Machbarkeit, die die Gemeinderäte unter dem Grünen Oberbürgermeister Dr. Dieter Salomon da zu meistern haben. Doch mit der den Südbadenern eigenen Mischung aus Hartnäckigkeit, Humor und Lebensfreude dürfte auch das zu schaffen sein.

saik einiger Wappen der Partnerstädte vor dem Neuen Rathaus

LISA

LISA Damen
Renate Bau
Quartier Unterlinden

Unterlinden 9
79098 Freiburg

Telefon 07 61 / 3 64 21
Telefax 07 61 / 3 56 66

LISA Herren
Im Colombi Hotel

Rotteckring 16
79098 Freiburg

Telefon 07 61 / 2 17 19 90

Es ist das Flaggschiff des Quartiers Unterlinden: LISA ist Freiburgs exklusivste Adresse für Damenmode. Ein paar Schritte weiter ist LISA auch mit Herrenmode präsent. Die Essenz einer jahrzehntelangen leidenschaftlichen Arbeit für den guten Geschmack.

Seit 40 Jahren ist LISA der Inbegriff für Mode im Luxussegment. Erst vor Kurzem hat sich Renate Bau mit dem Umzug des Damen-Geschäfts vom Münsterplatz in den zweistöckigen Prachtbau im neuen, erst im Frühjahr 2011 eröffneten In-Viertel Quartier Unterlinden einen Traum erfüllt. Einen Traum in Weiß, 850 Quadratmeter in atemberaubender Architektur, die das Außen mit dem Innen organisch verbindet. Dem Architekturbüro Hoffmann aus Husum ist etwas gelungen, was man nur selten auf Anhieb empfindet: absolute Stimmigkeit. Man ist versucht zu sagen: Perfektion. Was ja auch wieder stimmig wäre angesichts des Metiers. Perfektion ist das Stichwort für den Auftritt der Inhaberin: ein Tusch für Renate Bau! Renate? Wir dachten: LISA!? Nein, Lisa hieß die geliebte Großmutter und außerdem sei Lisa einfach ein sehr schöner Name. Zustimmung von den Rängen! Beifall gehört in diese hohen, lichten, weiten Räume, die für Inszenierungen der eleganten Art

geradezu gemacht sind: Das Geschäft empfängt einen mit einem Willkommen, die beleuchtete Treppe schreitet man ebenso beschwingt wie gespannt empor – und ist überwältigt vom Ambiente der Beletage. Ein hoher, großer, L-förmiger Raum, unterteilt durch einige Zwischenwände und schlichte Säulen, mündet im Herzstück des Geschäftes: dem Atrium. Hier sitzt man entspannt in weißen Ledermöbeln unter einem Glasdach, das den Freiburger Himmel in das Ambiente lockt. Die puristische Möblierung entspricht dem Gesamtkonzept: weniger ist entschieden mehr. Die Kollektionen umrahmen die klare Szenerie in perfekter Farbharmonie. Dahinter steckt ein durchdachtes Farbkonzept, das die Chefin persönlich in jeder Saison für ihren Einkauf erstellt. Trotz hohen modischen Anspruchs wird bewusst auf angesagte, kurzlebige Trends verzichtet. „Wir setzen auf modische Beständigkeit, Ästhetik und typgerechte, ehrliche und fachkompetente Beratung", sagt Renate Bau. Ein Leitbild des Unternehmens, das vom ersten Moment an bei dem freundlichen und aufmerksamen Team rundum zu spüren ist.

Mit dem Etikett „Designermode" kann Renate Bau wenig anfangen. „Das Metier Mode ist so vielseitig, immer wieder neu und so spannend!" Sie ist Profi genug sich auf ihr Bauchgefühl und ihre Intuition verlassen zu können. Schon von klein auf sei das so gewesen: „Ich kann mich glücklich schätzen, diese Gabe zu haben", freut sich die Inhaberin. Die Einkäufe tätigt sie ausschließlich auf internationalen Messen in Mailand, Paris, Düsseldorf und München. Wo andere den Wald vor lauter Bäumen kaum sehen können, ordert sie instinktiv und zielsicher ausschließlich das, was ihr selbst gefällt. So profitieren ihre anspruchsvollen Kundinnen von dem ausgesucht sicheren

Geschmack und der Feinfühligkeit der Modespezialistin. „Die Begehrlichkeit von Luxus liegt in der Einzigartigkeit der Marke und ihres Produktes. Dies fordert eine selektive Auswahl und Distribution, die Grundvoraussetzungen für Exklusivität. Deshalb ordern wir nicht wahllos angesagte In-Labels. Die einzelnen Kollektionen sind zugeschnitten auf den Geschmack und die Einsetzbarkeit unserer Kundinnen und Kunden." Bei LISA zu finden sind Kollektionen wie Brunello Cucinelli, Etro, Agnona, Roberta Fulanetto, Paule Ka. und Hogan – um nur einige zu nennen. Auch das kleinere Budget wird nicht vernachlässigt und perfekt um Labels wie Steffen Schraut, Blauer und High ergänzt. Kollektionen, die mit Liebe zum Detail das vereinen, was für Renate Bau wichtig ist: Zeitgeist in Perfektion. Dass ihr das gelingt, beweist die Zustimmung zu ihrem Konzept und die jahrzehntelange Verbundenheit und Treue ihrer Kundinnen. Über 90 Prozent der Besucher sind Stammkunden, darunter auch internationale Gäste des nahe gelegenen Spitzenhotels Colombi, die den Lieferservice direkt ins Hotel gerne in Anspruch nehmen.

Generell wird bei LISA sehr viel Wert auf kundenfreundlichen Service gelegt. Beratungstermine außerhalb der Geschäftszeiten sowie ein hauseigenes Änderungs-Atelier sind eine Selbstverständlichkeit. Auch nach Jahren können die liebgewonnenen Kleidungsstücke der Kundinnen

umgearbeitet und modisch wieder auf den neuesten Stand gebracht werden. Ganz wichtig für die Unternehmerin ist die Passform eines Kleidungsstücks: „Hier bin ich oft kritischer als die Kundin selbst. Aber genau das wird besonders geschätzt und mit Treue und Dankbarkeit honoriert“, sagt Renate Bau.

Man wird leichtfüßig hier, atmet frei und entspannt, genießt die Ruhe im Ladenbaukonzept, das die Firma Ganter in Waldkirch kongenial mit den Bauherren umgesetzt hat. Durch die bodentiefe Fensterfront in der ersten Etage blickt man durch das Blätterdach der großen Kastanie auf das geschäftige Treiben der neuen Einkaufsmeile. Ein offener Kamin wird in der kalten Jahreszeit für Behaglichkeit sorgen. Hier wurde weit über Freiburg hinaus ein Zeichen gesetzt für Luxus in Verbindung mit Ästhetik und Individualität. LISA ist die perfekte Symbiose aus Vision, Zeitgeist und Perfektion mit sehr persönlicher Note. „Mode ist mein Leben“, sagt Lisa, pardon, Renate Bau zum Abschied. Entschieden sagt sie das – sehr zufrieden und doch bescheiden.

Elly Frey

Elly Frey
Friseurmeisterin

Büggenreuterstraße 1
79106 Freiburg

Telefon 07 61 / 2 02 27 20
www.friseur-elly-frey.de

Elly Frey weiß, was sie will und spürt, was ihre Kunden brauchen: eingehendes und tiefgreifendes Verständnis von und für Haar und Haut. Die Friseurmeisterin arbeitet seit 2004 – höchst erfolgreich – ausschließlich mit biologischen Haar- und Hautpflege-Produkten und natürlicher Pflanzenhaarfarbe. Eines ihrer „Geheimnisse" ist die ungeteilte Aufmerksamkeit für den ganzen Menschen.

Was gibt es denn hier? Immer wieder schauen Passanten neugierig durch die Scheiben des einladenden Geschäfts in einer Wohngegend nahe des Freiburger Universitätsklinikums. Der Blick bleibt an der stets frischen Blumendekoration in den beiden Schaufenstern hängen, durchmisst den klaren Raum, dessen Atmosphäre geprägt ist von einer absolut stimmigen Harmonie zwischen Material, Form und Farbe: Viel Natur gibt es in Elly Freys Friseurgeschäft und keine Chemie. Wer eintritt, kann das (nicht) riechen: Es duftet frisch und inspirierend nach ätherischen Ölen einer chemiefreien Pflegeserie, die mit der Kraft der Natur im Bunde ist.

Den „bad hair day", ja, den gibt es wirklich. Elly Frey weiß das genau: Wie oft sitzen besorgte oder unschlüssige Kundinnen vor ihr und zeigen, was jahrelanger Raubbau an der Natur hinterlassen hat. In der ihr eigenen ruhigen und zugewandten Art erfährt sie die wahren Bedürfnisse der Kunden

und versucht im Gespräch vertrauensvoll hinzuhören. Elly Frey selbst sieht sich als „Haar-Reisende“: Seit über 25 Jahren ist sie als Friseurin unterwegs – mit Herz und Hand. „Man sagt von mir, ich begrüße jedes Haar einzeln“, lacht die Spezialistin für das natürliche, gesunde, kraftvolle Haar. Begeisterung, profundes Wissen und Interesse an Menschen sind das Fundament für Elly Freys besondere Friseurleistungen. Und Zeit! „Ich habe Zeit, nehme mir Zeit und lasse Zeit“, bestätigt die Friseurmeisterin. Ohne Druck und Hast tastet sie sich langsam heran an die Persönlichkeit genau des einen Menschen, der gerade in ihrem Stuhl sitzt, schenkt ihm Beachtung und Wertschätzung. Eine intensive individuelle Beratung ist der Kern der Behandlung, die Bürstenmassage vor der Haarwäsche durchblutet die Kopfhaut, der exakte Haarschnitt richtet sich nach Wuchsrichtung und natürlichem Fall der Haare sowie dem individuellen Typ. Ruhe kehrt ein - innerlich wie äußerlich.

Genaues und gewissenhaftes Arbeiten ist Elly Frey ein grundlegendes Bedürfnis. Die Kunden profitieren auf vielfache Weise von der Professionalität und Integrität der Person Elly Frey. Haar und Haut eines Menschen sind für sie viel mehr als eine „Visitenkarte“. Als Ausdruck der individuellen Persönlichkeit verdienen sie besondere Aufmerksamkeit und liebevollen Umgang. Elly Freys Haar-Leistungen sind begehrt: Ihre Vorstellung von bewusstem Leben im Einklang mit der Natur hat viele Anhänger gefunden. So ist es nicht verwunderlich, dass Termine rar sind und lange im Voraus angemeldet werden müssen. Geduld, die belohnt wird – mit natürlich glänzendem, kraftvollem Haar.

inVito Lichtstudio

inVito Lichtstudio
Markus Kenz

Scheffelstraße 27 / Ecke Talstraße
79098 Freiburg

Telefon 07 61 / 7 07 85 00
www.invito-lichtstudio.de

Licht kann natürlich sein, unauffällig beleuchten oder es kann ganz groß rauskommen: als Designerleuchte zum Beispiel. Alles zu seiner Zeit und im passenden Rahmen. Für ausgewählte Lichtblicke, die räumliche und atmosphärische Planung zeichnet das inVito Lichtstudio verantwortlich.

Schon Goethe wusste: Die Bedeutung von Licht wird uns erst bewusst, wenn es fehlt. „Mehr Licht", soll der greise Geheimrat verlangt haben, bevor er sein Leben aushauchte. Ob das stimmt, wissen wir nicht. Aber wir wissen: Mehr Licht würde so manchem Raum sehr gut tun. Oder besser: richtiges Licht. „Eine Kunst für sich", bestätigt Markus Krenz. Sein Lichtstudio inVito im beliebten Freiburger Altstadt-Wohnviertel Wiehre steht für kompromisslose Qualität und Sicherheit in der Planung ohne faule Kompromisse.

inVito – der Name ist Programm: Der Einladung – denn das heißt invito auf Italienisch – folgen Menschen von nah und fern, bis in die Schweiz und Österreich ist der Ruf des lichtbegeisterten Teams gedrungen. Im Lichtstudio kann man sich von den installierten Leuchten und Einbausystemen inspirieren lassen, kann im fachkundigen Gespräch erfahren, welche individuellen Möglichkeiten es gibt und welche Lichtquellen genau den Effekt haben, den man sich von ihnen verspricht. Am besten geht das dort, wo es hell werden soll – vor Ort. Für Markus Kenz und sein Team ist die Präsenz in den zu erleuchtenden Räumen selbstverständlich – und ein wichtiger Schritt auf dem Weg zu mehr Lebensqualität: „Unsere Beratung lebt von dem richtigen Gespür und der notwendigen Marktkenntnis. So können wir dem Kunden diejenigen Gestaltungselemente empfehlen, die ihm gefallen und seine Räume ins richtige Licht setzen", sagt Kenz. Empfehlungen, die Kreise ziehen: Menschen, die sich von inVito haben beraten und einrichten lassen, sind in der Regel gesellige Zeitgenossen und werden nicht selten nach den Wurzeln ihrer lichten Inspirationen gefragt.

inVito ist zu einem Markenzeichen für authentische Lichtlösungen geworden. Firmen, Kanzleien, Büros, städtische Institutionen, Gastronomie: Das Know-how des Lichtstudios mit den über 200 Leuchtenformen ist gefragt. Auch bei Privatleuten, die sich ihr Heim nicht nur funktional, sondern auch atmosphärisch stimmig ausleuchten lassen möchten. Wertigkeit und Nachhaltigkeit sind Begriffe, die Kenz wichtig sind. Sachkundig und zugewandt berät der Chef – gelernter Elektroinstallateur mit Studium in Architektur, Lichtplanung, Verfahrens- und Umwelttechnik – in seinem inVito-Planungsstudio zwei Eingänge weiter. Hier ist Platz und Ruhe für Markus Kenz' große Leidenschaft: Lichtberatung für Architekten, Bauherren und Innenausstatter. Die guten Kontakte zu den Herstellern, häufige Besuche auf Messen und die Teilnahme an Produktworkshops sind Teil des anhaltenden Erfolgs. Ohne Licht ist alles nichts …

Domani

Domani Möbelwerkstatt GmbH
Thomas Link

Römerweg 4
79291 Merdingen

Telefon 0 76 68 / 92 91
Telefax 0 76 68 / 9 44 61
www.domani-moebel.de

Raumgestaltung aus Holz in klarem, zeitlosen Design: Bei Domani steht die ebenso sensible wie designorientierte Verarbeitung des nachwachsenden Rohstoffs seit fast 30 Jahren im Mittelpunkt. Die Möbelwerkstatt im Gewerbegebiet der Tuniberg-Gemeinde Merdingen lädt zur Begegnung mit dem guten Geschmack ein.

Rotbraune Birne, schimmernde Elsbeere, silberner Ahorn, honiggelbe Eiche, dunkelbrauner Nussbaum, rötliche Kirsche: Natürlich, sinnlich und beständig soll sein, womit man sich umgibt. Heimisches Holz ist hier die erste Wahl. Das ist für die Mitarbeiter der Schreinerwerkstatt Domani selbstverständlich. Sie erspüren die Individualität und Kreativität des Auftraggebers und begeben sich gemeinsam auf die Reise zu handwerklicher Arbeit in Vollendung. Dabei gilt das Motto: Wer sich in seinen eigenen Wänden wohlfühlen möchte, setzt auf eine stimmige Raumgestaltung.

„Wir sind angetreten, das Schreinerhandwerk aus der rustikalen Ecke zu holen", formuliert Domani-Inhaber Thomas Link, der Gründer und Geschäftsführer der Firma, die Schreinergeschichte geschrieben hat. Hervorgegangen ist die Möbelwerkstatt mit dem sprechenden Zusatz „Wohnart" aus einem Kollektiv von fünf selbstständigen Schreinern unter dem Dach der „Holzwerkstatt Waltershofen". Das war im Jahr 1982, die Welt war reif für eine neue Möbel- und Arbeitskultur. Was damals revolutionär war, ist heute keine Ausnahme mehr – und bleibt in dieser besonderen Perfektion doch ein Solitär. Nach wie vor Priorität hat der hohe Anspruch an Mensch und Material, an das Machbare im Möglichen. Domani-Möbel schaffen eine einmalig stilvolle Atmosphäre und werden von Privatleuten ebenso geschätzt wie von Firmenkunden: Einrichtungen für Läden, Gastronomie und Möbelgeschäfte, dazu Küchenbau nach Maß gehören selbstverständlich auch zum breiten Spektrum der Domani-Enthusiasten. Der Name – einst von den italophilen Kollektiv-Mitgliedern zum Firmensignet mit Zukunftsanspruch erhoben – steht heute für anspruchsvolle Möbelkunst vom Feinsten.

Ein- bis zweimal jährlich öffnet Domani die Werkstatt und den Showroom für die „Domani Art". Auf über 1 000 Quadratmetern präsentieren die Mitarbeiter ihre Arbeit und beweisen, welche Kraft und Eleganz von Holz ausgehen kann, das mit Liebe und Akribie ver- und bearbeitet wird. Optik, Haptik, Verarbeitung, Wertbeständigkeit: Alles ist eins. Die Nähe zu Kunst und Design hat im Laufe der Jahre zu einem Netzwerk freier Gestalter geführt, die sich ergänzen und aufeinander verlassen können. So bekommen Räume noch mehr Charakter, wie der Domani-Showroom mit Wechselausstellungen der Holzskulpturen und Bilder des Freiburger Künstlers Christof Schröder eindrucksvoll beweist.

von blumen

von blumen
Anja Cramer

Talstraße 3
79102 Freiburg

Telefon 07 61 / 3 84 46 26
www.vonblumen.de

von blumen ist der Name einer Oase der Schönheit und Ruhe. Die Floristin Anja Cramer setzt mit ihrem Ladengeschäft von blumen im Freiburger Gründerzeit-Viertel Wiehre Maßstäbe: Ihr klarer Blick für das Mehr im Weniger und die konsequente Umsetzung dieses Grundsatzes ziehen die Kundschaft magisch an.

Weiße Wände betonen die Architektur der hohen offenen Geschäftsräume, weiße Quader in unterschiedlichen Höhen sind Sockel und Präsentationsfläche für Blumen, Zweige, Blätter in ihrem natürlichen Wuchs. Darauf platziert sind geheimnisvoll schimmernde Gefäße als Gestaltungsrahmen und Schutzraum für bewusst puristische Arrangements. Die mit Bedacht ausgewählten zarten bis kräftig farbigen floralen Objekte sind sich selbst genug, verstärken die Persönlichkeit ihres Liebhabers, betonen Räume. Die Konzentration auf das Wesentliche, die Ruhe durch Reduktion ist Anja Cramer und ihrem Team ein tiefes Bedürfnis.

Hinter dem besonderen Sortiment, dem berührend Einfachen, zart Duftenden, stecken viel Achtsamkeit und Sorgfalt. Ein ausgeprägtes Gefühl für Farben und Proportionen, gute Menschenkenntnis und intensive Beratung prägen das Antlitz des Ladengeschäfts, in dem Anja Cramer und ihr Team seit Oktober 2009 ihren idealen Standort gefunden haben. Aufgewachsen in einer ländlichen Gärtnerei mit angeschlossenem Blumenladen in Bayern, hat die seit 2003 selbstständige Floristin in allen Facetten erfahren, was Arbeit in natürlichen Kreisläufen bedeutet. Stetiger Einsatz prägte nicht nur das Leben ihrer Eltern. Auch Anja Cramer

ist für ihre Leidenschaft unterwegs: Bei feierlichen Anlässen ist das Gespür der stilsicheren Könnerin und ihres Teams ebenso gefragt wie in privaten und beruflichen Zusammenhängen, auf Balkon und Terrasse.

Der unverwechselbaren Handschrift der von Blumen begeisterten Inhaberin vertrauen ihre Kunden seit vielen Jahren instinktiv und intuitiv. Sie wissen: von blumen bietet ihnen das Wahre und Echte. Die Auswahl passt sich den Jahreszeiten an: Die Blumen stammen von Gärtnern aus dem Umland und von vertrauenswürdigen europäischen Betrieben, ein Bauer liefert filigrane Zweige, von Januar bis April sind Rosen tabu. Vom ersten Frühlingserwachen in zarten Pastelltönen über die satten Farben des Sommers zu den Erdtönen des Herbstes und den Kontrasten des Winters hat jeder Monat sein eigenes Thema. Anja Cramers Lebensgefährte Thomas Bartl begleitet das Werden und Wachsen mit seiner Kamera und lässt die Internetseite stets aktuell erblühen.

„Das ist wie Wellness", seufzt die abgehetzte Kundin, die sich nach dem Wochenendeinkauf einen Besuch im Refugium zwischen Johanniskirche und Talstraße gönnt. Wellness für alle Sinne, die sich augenblicklich entspannen von der Überreizung der Welt vor der von-blumen-Tür. „Schöner wohnen ist ein Bedürfnis und Blumen gehören dazu", weiß die Blumenenthusiastin.

Omas Küche

Omas Küche
Sabine Hahn-Kazums

Hildastraße 66
79102 Freiburg

Telefon 07 61 / 7 86 86
Telefax 07 61 / 7 07 35 82
www.omas-kueche.de

Wir alle haben Erinnerungen an die Küche der Oma. Da, wo es immer so gemütlich war, weil Leben herrschte, geschafft und gewerkelt wurde. Da, wo es vorfreudig nach den zu erwartenden Genüssen duftete. Und dann war da natürlich auch noch die Oma, die uns gerne verwöhnte. All das mag bei der Namensgebung dieses Gasthauses am alten Freiburger Wiehrebahnhof eine Rolle gespielt haben: Hier kehrt man gerne ein.

Ein Ort des Wohlbefindens, der badischen Gastlichkeit und der guten Küche ist das Lokal unter hohem Gewölbe in warmen Farben, viel Holz und Blick ins Freie. Im Haupt- und Nebenraum finden bis zu 120 Gäste Platz, man sitzt auf alten Holzstühlen an massiven Tischen, blickt nach draußen und freut sich am Miteinander. Auf einer etwas erhöhten Empore mitten im Raum hat man den ganzen Überblick, kommt ins Gespräch und tauscht Neuigkeiten aus. Der Biergarten unter Kastanien und die Sonnentische vor dem Lokal bieten den Terrassenliebhabern bis in die Nacht nochmals 120 Plätze. Menschen jedes Alters genießen täglich von 11:30 Uhr bis Mitternacht, am Wochenende bis 1 Uhr, das schmackhafte Essen und die gepflegten Getränke.

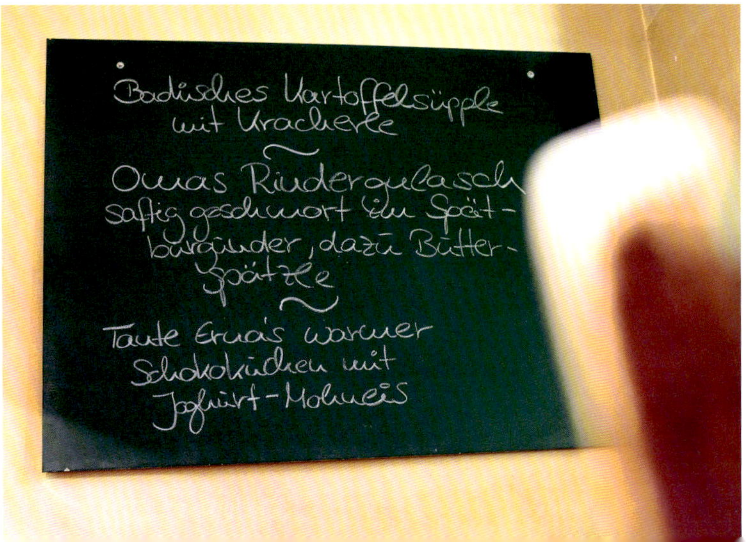

Badische Klassiker wie Kartoffelsuppe, Schnitzel, Leberle und Wurstsalat kommen in Omas Küche genauso auf den Teller wie mediterrane Spezialitäten à la Pasta und Salat, Fleisch aus heimischer Jagd und von glücklichen Schwarzwald-Rindern sowie saisonale Speisen. Zu allen Gerichten gibt es eine Weinempfehlung, mittags locken drei Gerichte mit Suppe oder Salat zur wohlverdienten Pause. „Tante Erna" besucht diejenigen, die sich einen „Sekt mit Likör von rotem Weinbergpfirsich vom Weingut Gretzmeier" als Aperitif gönnen, „Onkel Alfreds Lieblings-Buletten" sind ein Gedicht, und am griechisch inspirierten „Salat Adonis" dürfen sich auch schöne Frauen satt essen. Nicht zu satt allerdings, denn dann gibt's ja noch die leckeren Desserts und Kuchen. Gäste, die fleischlos glücklich sind, finden eine große Auswahl vegetarischer Kreationen. Alle Gerichte sind auf Wunsch gluten- und laktosefrei gekocht. Wer sein Mahl oder den Sonntagskuchen aus Omas Küche zu Hause genießen möchte, kann das Gewünschte telefonisch ordern und zehn Minuten später mitnehmen. Auch im eigenen Gefäß, betont die Chefin mit der Hotelfachausbildung, die sich mit der Übernahme von Omas Küche vor 13 Jahren den Traum vom eigenen Gasthaus erfüllt hat. Festlichkeiten jeglicher Art richtet das Team um Sabine Hahn-Kazums gerne aus: Ob Taufe, Kommunion, Konfirmation, Hochzeit oder Geburtstag – die Bankettvorschläge für zehn bis 100 Personen können auf der Website eingesehen und mit dem Team besprochen werden.

Ein besonderer (aber beileibe kein Geheim-)Tipp ist das sonntägliche Brunchbuffet: Die Auswahl ist überwältigend und wird von einem warmen Saisongericht gekrönt. Dazu gibt es diverse Heißgetränke und danach gerne das eine oder andere Viertele aus der näheren Umgebung. Im Winter können sich die Gäste auf ein Menü mit Krimitheater freuen. Prädikat: erlebenswert!

Garibaldi

Garibaldi
Klaus Kratz

Talstraße 1a
79102 Freiburg

Telefon 07 61 / 7 07 18 00
Telefax 07 61 / 7 08 18 01
www.garibaldi-freiburg.de

Mit den schönen Dingen des Lebens umgibt sich Klaus Kratz täglich: Bei Garibaldi in der Freiburger Wiehre sind italienische Momente ganz nah. Die ausgewählten Weine werden begleitet von Feinkost und Accessoires der mediterranen Küche. In einem separaten Raum können die Gäste mittags ein frisch gekochtes Menü in der Tradition einer italienischen Cantina genießen.

Seit 14 Jahren ist der gelernte Koch, Restaurantfachmann und Sommelier Klaus Kratz einziger Partner des Münchener Franchise-Unternehmens Garibaldi. Eine Aufgabe, die seinem Verständnis als Gastgeber nahekommt und seinem Bedürfnis nach neuen Horizonten entspricht. So hat sich das in den Anfängen nach 1997 reine Weingeschäft sukzessive zu einem ganzheitlich genussorientierten Fachhandel entwickelt. Dem Stamm-Sortiment an italienischen Weinen fügt der kundige Gastronom all das an, was er persönlich bevorzugt und geht gerne auf Kundenwünsche ein. Und dabei geht es durchaus nicht nur um Wein, der inzwischen aus den besten Weingegenden Europas stammt. „Ich liebe außergewöhnliche und ausgefallene Dinge“ lautet Kratz’ Devise, mit der er großen Erfolg hat. Stets ist er am Ball, besucht Ausstellungen und Messen, findet Neues für die Freiburger Garibaldi-Fans und ihre Gäste. Alle Zutaten der klassischen mediterranen Küche lassen sich bei Garibaldi finden, aber auch Koch-, Servier- und Dekozubehör sowie Literatur.

Die Frischetheke lockt mit einer beeindruckenden Auswahl an Käse, Schinken, Salami, Antipasti und Pasta. Wunderbar finden das die Kunden, die sich auf diese Weise immer wieder einen kleinen italienischen Kick gönnen können. Die Stammkundschaft – sie macht einen großen Teil der Garibaldi-Besucher aus – freut sich an der ausgeprägten Genussfreudigkeit des Chefs und seiner Mitarbeiter: „Bei uns essen und trinken alle gerne“, lacht Klaus Kratz. Der Laden, sagt er, sei ein wichtiger und großer Teil seines Lebens.
So ist es nicht verwunderlich, dass seine Kindheitserinnerungen an den Gastronomiebetrieb der schwäbischen Verwandtschaft Eingang in den Garibaldi-Tagesablauf gefunden haben: In einem separaten Raum hinter dem Laden serviert das Team jeden Mittag von 12 bis 14:30 Uhr ein Menü mit Suppe, Hauptgang und Dessert. Selbstverständlich frisch und saisonal. Die Suppen stammen aus eben jenem traditionsreichen, schwäbischen Demeter-Betrieb von Onkel und Tante. Hier liegen auch die Wurzeln für Kratz' Kochleidenschaft: Der Mutter – einer stets aktiven schwäbischen Hausfrau und Lehrersgattin mit fünf Kindern – ging er mit 13 Jahren erstmals beim Kuchenbacken zur Hand, das Kochen wollte er „richtig“ lernen und durchlief alle Arbeitsschritte in einem Landgasthof. Ein Sternelokal in Tübingen folgte, in Freiburg waren es die besten Adressen, das Hotel Colombi und die Restaurants Markgräfler Hof und Enoteca. Eine beeindruckende kulinarische Biographie, von der die Kunden unmittelbar profitieren: „Wenn der Kunde über sein Menü spricht, gebe ich gerne meine Empfehlungen.“ Das Publikum genießt diese persönliche Beratung und freut sich auf den nächsten Garibaldi-Besuch.

ChezFine

ChezFine
Josefine Jegal

Kartäuserstraße 54/56
79102 Freiburg

Telefon 07 61 / 38 84 59 88
www.chezfine.de

Josefine Jegal ist Köchin von Beruf und aus Leidenschaft. Sie zählt zu den Menschen, für die Träume realisierbare Optionen sind. Im ChezFine in der Freiburger Kartäuserstraße bewirtet sie ihre Gäste mit frischer regionaler Raffinesse.

Der Traum heißt: Kochen, Kochen, Kochen! Das muss von Anbeginn so gewesen sein, denn Josefine Jegal kommt aus einer Familie, in der das Kochen, Essen und Genießen seit jeher zelebriert werden. Prägung als Motivation? Das spielt sicher eine Rolle, sagt die junge Köchin, die sich den Traum vom eigenen Restaurant ebenso unprätentiös wie stimmig erfüllt hat: 40 Plätze im Kellergewölbe, lichtgraue Wände ohne Schnickschnack. Die Hauptrolle spielt das Essen – und das setzt sich aus genau einem Menü, das wöchentlich wechselt, zusammen. Drei oder fünf Gänge werden serviert – gerne auch nur einzelne Komponenten. Das hört sich nach wenig an und genau so ist es auch gemeint: Der Grundsatz „Weniger ist mehr" ist bei ChezFine Programm. Besser: Weniger, aber dafür das Richtige. „Das Richtige", das ist die bedingungslos frische Zubereitung ausschließlich regionaler und saisonaler Zutaten. „Grundvegetarisch" kochen Josefine Jegal und ihre beiden Köche. Das heißt nicht, dass Fleisch und Fisch verpönt sind. Im Gegenteil! – Fleisch beziehungsweise Fisch kann optional dazu bestellt werden. Der Name des Restaurants ChezFine spielt auf die Nähe Frankreichs und den Spitznamen der Besitzerin an. Bei Fine sollen die Gäste sich wohlfühlen und die Kochkunst genießen. Josefine Jegal ist ebenso selbstverständlich Chefin wie sie mit Leib, Herz und Seele Köchin und Gastgeberin im Wortsinn ist: Zielstrebig und ideenreich gibt sie

ihr Bestes für die Gäste. Das ungewöhnliche Lokal in der Kartäuserstraße ist ihr erstes selbstständiges Projekt – und auf Anhieb ein Erfolg. Mit viel Talent, professionellem Perfektionismus und ungebremster Spielfreude sind die jungen Profis bei der Sache. Nebenbei steht der Name auch für das Selbstbewusstsein der jungen Chefin, die sich als durchsetzungsstarke Frau in der Männerdomäne bei einem Altmeister der Sternegastronomie bewiesen hat. Fritz Keller, der legendäre Wirt des „Schwarzen Adler" im Kaiserstühler Oberbergen, war ihr Lehrmeister. Viel mehr als das: „Der Familie Keller habe ich sehr viel zu verdanken, sie hat mein Engagement erkannt und gefördert", beschreibt Josefine Jegal ihre Ausbildungszeit. So ist es eigentlich nur natürlich, dass sich bei ChezFine all das findet, was man immer schon gesucht hat: hohe Kochkunst in entspannter und herzlicher Atmosphäre. Darum reißen sich nicht nur die Freiburger. Wie ein Lauffeuer hat sich die Kunde von den Gaumenfreuden herumgesprochen. Die Tische im Restaurant sind an den fünf Öffnungstagen meist ausgebucht. Mittagstisch gibt es in den Sommermonaten – dann auch draußen im Biergarten, der nochmals 40 Gästen Platz bietet.

Hotel Stadt Freiburg

Hotel Stadt Freiburg
Inhaber: Roland Burtsche
Geschäftsführerin: Dr. Kirsten Moser

Breisacher Straße 84
79110 Freiburg

Telefon 07 61 / 8 96 80
Telefax 07 61 / 8 09 50 30
www.hotel-stadt-freiburg.de

Ein erstaunliches, ein einmaliges Hotel: Das Hotel Stadt Freiburg vereint in Stadtrandlage die Vorzüge komfortablen Wohnens mit einer Privatklinik für ästhetisch-plastische Chirurgie, an der Ärzte der nahe gelegenen Universitätsklinik wirken, und mehreren niedergelassenen Fachärzten sowie einem Kosmetikstudio. Die Bilanz ist hervorragend, das Konzept findet internationale Anerkennung.

Vier Sterne, internationale Standards und eine komplette „Klinik auf dem Dach" haben das Hotel Stadt Freiburg innerhalb weniger Jahre zu einem Solitär gelungener Partnerschaft werden lassen. Dabei hatte niemand einen Pfifferling darauf gegeben, als Roland Burtsche das Hotel im Jahr 2004 aus der Insolvenz kaufte. Doch Burtsche, Inhaber des hochdekorierten Colombi-Hotels in der Freiburger Innenstadt, ist ein Mann mit Ideen und Visionen und einer Nase für das Neue. Zwölf Millionen Euro hat er investiert und gewonnen: Auch in diesem Fall führten sein Eigensinn und seine Hartnäckigkeit zum Erfolg. Das Ergebnis ist einmalig in Europa: „Wir haben eine komplette Klinik auf dem Dach", bestätigt die Geschäftsführerin des Hotel Stadt Freiburg, Dr. Kirsten Moser. Die Erich-Lexer-Klinik garantiert durch ihre personelle Verbindung von Privatklinik und Universität höchsten plastisch-chirurgischen Standard auf internationalem Niveau in exklusiver Umgebung. Die niedergelassenen Ärzte – ein Orthopäde und ein Zahnarzt –, eine Physiotherapie-Praxis, das Kosmetikstudio Jean d'Arcel und ein Schmerzzentrum ergänzen das Angebot, das stetig ausgebaut wird. Patienten und Angehörige können es sich im Hotel genauso gut gehen lassen wie Gäste, die das Hotel ohne medizinischen Hintergrund für ihren Aufenthalt in Freiburg wählen.

Das Hotel Stadt Freiburg bietet in 210 Zimmern – darunter sechs barrierefreie –, Suiten und Appartements alle Annehmlichkeiten eines modernen Vier-Sterne-Stadthotels. Den Gästen stehen Kabelfernsehen, WLAN, Arbeitsplatz, Telefon, Safe und Kochnische mit Kaffeemaschine, Mikrowelle und Kühlschrank zur Verfügung. Die drei luxuriösen Panorama-Suiten verfügen über Parkettboden, Marmorbad, Küche und Terrasse mit Rundumblick

auf Freiburg, den Schwarzwald und den Kaiserstuhl. Der neue Wellness-Bereich mit Sauna, Dampfbad, Fitnessraum und Solarium macht den Aufenthalt zu einem entspannten Vergnügen. Begleitet wird der Gast von 70 freundlich-engagierten Mitarbeiterinnen und Mitarbeitern.
Das Restaurant bietet 60 Gästen ab 12 Uhr durchgehend regionale und internationale Speisen und Getränke, bis zu 200 Personen finden bei Banketts Platz. Die Bar lockt von 18 bis 1 Uhr mit gepflegten Barspezialitäten. In der lichtdurchfluteten Lobby lässt man sich auf gemütlichen Sesseln am offenen Kamin nieder und genießt neben kleinen Snacks auch Leckereien aus der Konditorei oder einen köstlichen Drink. Die vier Tagungsräume sind für bis zu 80 Konferenzteilnehmer konzipiert und mit modernster Technik ausgestattet.

Der Luisensteg über die Dreisam

Smutje's

Smutje's
Catering
Carolin Rechenbach & Sebastian Trefzer

79098 Freiburg

Mobil 01 76 / 21 19 89 62
www.smutjes.de

Wenn ein Name auch ein Programm sein kann, dann ist das hier offensichtlich: Smutje ist von alters her die Bezeichnung für den Schiffskoch. Können und Kreativität sind angesichts ständig wechselnder Arbeitsplätze in zumeist ziemlich beengten Verhältnissen ebenso notwendig wie ein Gespür für Menschen und ihre Wünsche. Carolin Rechenbach und Sebastian Trefzer erfüllen alle diese Voraussetzungen und begeistern damit bis zu 250 Personen „am Stück".

„Warum kochst du nicht bei den Leuten?", fragte ein Freund von Sebastian Trefzer, als der vor einigen Jahren mal wieder laut darüber nachdachte, wie er denn wohl seine Passion für gute Küche und ehrlichen Wein mit einer selbstständigen Profession verbinden könne. Damals waren Carolin Rechenbach und er sich schon begegnet, hegten ähnliche Wünsche nach „dem Eigenen", das unbedingt etwas mit Kochen zu tun haben sollte. Bald war klar: Wir kochen bei den Leuten zu Hause. Seit Mai 2006 sind die beiden als „private smutjes" tätig. Und ihr Konzept ist ein Erfolg: „Wir hatten von Anfang an unsere Kunden", bestätigen die beiden Kochkünstler. Wer sich den besonderen Genuss gönnen möchte, im heimischen Ambiente aufs Beste kulinarisch verwöhnt zu werden, meldet sich einfach bei Carolin Rechenbach und Sebastian Trefzer, man trifft sich und bespricht, was gewünscht und machbar ist. Kein Katalog, keine Routine, kein

Larifari. „Wir haben keine festen Gerichte oder Preise – alles wird im persönlichen Gespräch erkundet, eine Menüfolge erstellt, persönliche Vorlieben beachtet. Mehrgängige Menüs mit frischen saisonalen Zutaten, kleiner Imbiss, Buffet oder Fingerfood: Von zwei bis 250 Personen ist alles „drin".

Mit Liebe zum Metier und Sorgfalt in der Umsetzung haben sich Carolin Rechenbach und Sebastian Trefzer in die Herzen und Mägen der Kunden gekocht. Wer es einmal probiert hat, teilt die Begeisterung mit anderen: Mundpropaganda im wahrsten Sinne des Wortes ist die beste Werbung für den Zwei-Mann/Frau-Betrieb, der auf solide Preise bei höchster Qualität setzt. „Unser Anspruch ist hoch und so soll es auch sein", lautet die selbstbewusste Ansage. Viele Gastgeber vertrauen Smutje's inzwischen blind, rufen an, geben Termin und Personenanzahl sowie Budget durch und lassen sich überraschen. Gerne auch von den je nach Anlass zusammengestellten privaten Weinproben, die von kulinarischen Köstlichkeiten begleitet werden.

Und auch „verrückte Sachen" kann man mit den Smutjes machen: Picknick in einem versteckten Wald für einen Kindergeburtstag? Klar doch! Spaghetti bolognese für zehn Kommilitonen im Studentenwohnheim? Ein Riesenspaß! „Da geht uns das Herz auf", schwärmen die besonderen Caterer. Atteste gibt's auf der Website: „Ein besonderer Abend für besondere Gäste mit herausragendem Essen und einer unvergesslichen Weinweltreise – ein Abend für die Sinne", schwärmt Dirk Warth von der Wehrle Medienproduktion GmbH über einen Abend mit Smutje's.

Manna – Die Spezerei

Manna – Die Spezerei
Café am Augustinerplatz
Café im Augustinermuseum
Rüdiger Grabowski

Salzstraße 28 / Augustinerplatz
79098 Freiburg

Telefon 07 61 / 2 90 96 64
www.manna-die-spezerei.de

Manna, das legendäre Himmelsbrot, ist Namensgeber für den begehrten Treffpunkt in bester Lage: Mitten in der Altstadt, am beliebten Treffpunkt Augustinerplatz hat sich Manna – Die Spezerei ein Domizil mit Charme und Stil geschaffen. Hier kann man nicht nur wunderbare Brotspezialitäten genießen, sondern auch das Sehen und Gesehenwerden genießen. Direkt gegenüber – im spektakulär renovierten Augustinermuseum – hat das Manna im Juni 2010 ein Museumscafé der besonderen Art eröffnet.

Rüdiger Grabowski und seiner Frau Manuela Stadter ist es zu verdanken, dass die Geschäftsaufgabe vor sechs Jahren zur gastronomischen Belebung eines der Freiburger Lieblingsplätze wurde. Als das Ehepaar seinen vorherigen Wohn- und Wirkungsort München verließ, um an einem anderen Ort sesshaft zu werden, spielten Zufall und Schicksal eine Hauptrolle: Ein Schlüsselerlebnis der musealen Art brachte die beiden begeisterten Gastgeber auf die Idee, sich einen Platz zu suchen, an dem das Dasein nicht nur außerordentlich lebenswert ist, sondern auch von Lage und Klima besonders begünstigt. So fiel die Wahl auf Freiburg.

Eine gute Wahl, die von den vielen Fans des ehemals zur Aran-Kette gehörigen Lokals euphorisch begrüßt wurde. Von Beginn an haben die Freiburger und ihre vielen Gäste sich das heutige Manna zur Lieblingsstätte erkoren. Der Zusatz „Spezerei“ ist den meisten allerdings unbekannt. Die Inhaber haben diesen Begriff mit Bedacht gewählt, galt die Spezerei doch noch im vergangenen Jahrhundert als gebräuchliche Bezeichnung für Lebensmittelläden und Gasthäuser, die Spezialitäten führten. „Der Begriff stammt aus dem Mittelhochdeutschen und bedeutet ausgesuchte Speisen und Getränke“, erklärt Rüdiger Grabowski. Eine gute Wahl also, denn darum geht es: „Spezialitäten,

wie wir sie handwerklich, frisch und regional produzieren“. Frisch, gesund und in bester Qualität – das ist kein Geheimnis, sondern eine Erfolgsgarantie, zumal im grünen Freiburg.

Auch wenn heute keine Speise mehr auf wundersame Weise vom Himmel fällt, muss man nicht darauf verzichten: Basis aller bissfesten Manna-Spezialitäten ist das Brot: Wie früher sind als Zutaten nur Mehl, Meersalz und Wasser am reinen Geschmack beteiligt. Auf traditionelle Art von Hand geformt, wird es im Holzofen gebacken und mit den gewünschten, aus frischesten Zutaten selbst komponierten Aufstrichen an der Theke verkauft. Alle Finger lecken sich die Besucher nach diesen Köstlichkeiten von süß bis salzig, mild bis scharf. „Vergessene kulinarische Tugenden“, so der Autor von „Reise- und Rumtreibbüchern“ und Gourmetvisionär Wolfgang Abel über das vernachlässigte Butterbrot.

Die feinen Kuchen- und Schokoladenspezialitäten beziehen die Inhaber vom Konditorei-Familienunternehmen Gmeiner aus Oberkirch, das auch eine Filiale in Freiburg betreibt. „Das ist echte Handwerkstradition – purer, unverfälschter Geschmack ohne Zusatz von künstlichen Aromen oder Konservierungsstoffen“, schwärmt Rüdiger Grabowski. Nur ausgesuchte Zutaten von bester Qualität werden nach geheimer Hausrezeptur verarbeitet. Die Gäste sparen nicht mit Komplimenten: Die Croissants seien „besser als in Paris“, die heiße Schokolade mit Nelken und Zimt „sehr zu empfehlen“ und „der Shake gehört in die Top 5 der Welt“, ist in den Bewertungen einschlägiger Internet-Portale zu lesen. Kein Wunder also, dass die Plätze heiß begehrt sind. Wer sich ein Stück Manna mit nach Hause nehmen möchte, greift zu den Mitnahmeartikeln von Schokolade bis Pesto.

Die Dépendance des Manna im Augustinermuseum ist mehr als eine Entdeckung: Als Refugium des guten Geschmacks erfüllt den Besucher schon das Ambiente des gerade erst vom renommierten Architekten Christoph Mäckler restaurierten und neu eröffneten Museums mit Glück. In der ehemaligen „Schatzkammer" des einstigen Klosters der Augustiner-Eremiten ist das Herz des Betriebs untergebracht. Hier kann man es sich mit Kunstlektüre oder der Zeitung gemütlich machen. Im gotischen Kreuzgang trifft man sich vornehmlich zum Frühstück, der Zinnengarten ist eine Rückzugsoase mitten im Einkaufstrubel. Mit Blick auf die alten Bäume des Gartens sitzt man geschützt und sehr behaglich. Die Plätze an der Außenmauer bieten freie Sicht auf das Geschehen am lebhaften Augustinerplatz.
„Wir bringen's" lautet das Motto, denn anders als im Café am Augustinerplatz wird hier direkt am Tisch bedient. Das an den Außentischen installierte Rufsystem macht den Kontakt zum aufmerksamen Servicepersonal leicht: Auf Knopfdruck erscheint eine freundliche Bedienung und präsentiert die Karte mit ausgewählten kleinen Speisen. Vom Antipasti-Teller über Salate deutscher und mediterraner Provenienz, warme Spezereien, einen Suppentopf und ausgefallene Desserts gibt es alles, was den Magen erfreut und nicht beschwert. Hier kann sich der Gast nach Herzenslust verwöhnen lassen. Kaffee aus fairem Anbau von unabhängigen Kleinbauern, schwarze Blatttees sowie Kräuter-, Rooibos- und Ayurveda-Gewürztees sind ebenso beliebt wie der Ayurveda Sansibar Chai mit Milch, Zimt und Zimtsirup.
Und was ist mit der Qual der Wahl? „Die gibt es nicht", lacht Rüdiger Grabowski. Wer gern mitten im Getümmel ist, favorisiert das Stammlokal am Augustinerplatz. Wer die Ruhe und ein eher meditatives Ambiente liebt, bevorzugt das Café im Museum mit seinen vielen Möglichkeiten. Und doch: Es gibt auch Wechselgenießer. Sie stellen fest, dass es sich hier wie dort gut sein lässt.

Das ist ein Kompliment an die Gastgeber: Mitten im Herzen der Stadt sind die Wahlfreiburger Manuela Stadter und Rüdiger Grabwoski angekommen. Und – eine Randnotiz des Schicksals – die „Landung" ist auch wieder mit einem Museum verbunden. Wenn das kein gutes Omen ist ...

Schuhe W. Venzl

Schuhe W. Venzl

Wilhelmstraße 38
79102 Freiburg

Telefon 07 61 / 3 93 60
www.werner-venzl.de

Hochwertige Schuhe für Damen und Herren bietet Werner Venzl in seinem Ladengeschäft in der Freiburger Wilhelmstraße zwischen Innenstadt und Hauptbahnhof. Schuhe exklusiver europäischer Manufakturen führt der passionierte Schuhspezialist ebenso wie bekannte Marken.

Wer den Laden von Werner Venzl in der Freiburger Wilhelmstraße betritt, sollte seine Sinne öffnen: Der Duft feinsten Leders verbindet sich aufs Trefflichste mit edlem Schuhwachs, die Augen gehen dem Besucher über angesichts der ausgesuchten Fußbekleidung und das Gehirn meldet an die Finger: Anfassen! Das ist hier nicht nur erlaubt, sondern ausdrücklich erwünscht. Frauen und Männer finden bei Werner Venzl das passende Schuhwerk für jede Gelegenheit. Der Laden mit der wohltuend unaufgeregten Atmosphäre zieht Menschen ab Mitte 20 bis ins gesetzte Alter an. Herrenschuhe von Crockett & Jones aus Großbritannien, Paraboot aus Frankreich, Quarvif Italy, Haferl und Laszlo aus Ungarn sowie pure Handarbeit von Heinrich Dinkelacker, ebenfalls aus Ungarn, garantieren Schuhkunst vom Feinsten – ein berechtigter Begriff angesichts der sorgfältigen Auswahl des Leders und Verarbeitung von Hand, die für Schuhe dieser Qualität notwendig

sind. Die Unterschiede zwischen den einzelnen Nähverfahren – darunter auch die Zwiefachnähung, die nur noch wenige Schuhmacher beherrschen – erklärt Werner Venzl gerne am Modell. Damen finden ausgewählte Pumps, Sandalen, Sneakers und Stiefel der Marken Laszlo, Truman's, Vabeene, Tremp, Accatino, teils rahmengenäht und mit edlem Kalbsleder gefüttert und mit anatomischem Fußbett ausgestattet. Sorgfältig ausgewählte Accessoires und Pflegemittel von Burgol ergänzen das Angebot, für das viele Kunden aus weiter Ferne nach Freiburg kommen.

Warum vielen Menschen ihre Füße nicht mehr das wert sind, was sie angesichts ihrer lebenslänglichen Leistung verdient hatten, erschließt sich höchstens über den Preis. Dabei sind billige Schuhe letztendlich eine Kampfansage an Gesundheit und Geldbeutel. Gerade das, was uns täglich durchs Leben trägt, verdient höchste Aufmerksamkeit. Als passionierter Liebhaber edlen Leders und bester Verarbeitung ist sich Werner Venzl sicher: „Gute Schuhe sind eine lohnende und nachhaltige Investition fürs Leben." So ist auch der Preisaspekt geklärt: Wie so oft ist weniger letztendlich mehr. Soll heißen: Modische Accessoires sind eine Sache, gute Schuhe eine andere. Selbstverständlich weiß Werner Venzl, dass das Bewusstsein für hochwertige Schuhe erst wachsen muss: „Wer mit Sneakers großgeworden ist, muss auf den Geschmack kommen." Auch hier könnte das Vorbild die beste (ästhetische) Erziehung sein, denn: „Das Bewusstsein für Qualitätsarbeit steigt", beobachtet Venzl. Seine Kundinnen und Kunden jedenfalls wissen, was sie an dem Spezialisten haben. Sie können sich ganz und gar auf sein Gespür für beste Ware und exzellente Beratung verlassen.

Wallstraße 12
BlumenKunst – Café – Wein

Wallstraße 12
BlumenKunst – Café – Wein
Doris Brennig,
Carolin Rechenbach & Sebastian Trefzer

Wallstraße 12
79098 Freiburg

Telefon 07 61 / 38 31 31

Ein Paradies der Genüsse haben sich Doris Brennig, Carolin Rechenbach und Sebastian Trefzer in einem Eckhaus nahe der Freiburger Museumsmeile geschaffen. Blumen im Sommer- und Wintergarten verbinden sich aufs Genüsslichste mit Kunst, Café und Wein.

Mit Blühendem hat es begonnen und frisch Blühendes ist nach wie vor ihr Lebenselixier: Doris Brennig ist in Freiburg eine Institution – besondere Spezialität: die „Montags-gute-Laune-Sträuße" für Büros, Praxen, Firmen und Gastronomie – für Florales von bester Qualität. Die seit 45 Jahren von ihrem kreativen Beruf begeisterte und seit 25 Jahren selbstständige Blumenbinderin hat ihren angestammten Standort vor sieben Jahren um ein paar Hundert Meter verlegt und präsentiert seither im Eckhaus an der Wallstraße ihre frischen floralen Kompositionen in charmant-romantischem Ambiente mit passenden Zutaten. Möglich machte das die offene Atmosphäre im Haus nahe der Freiburger Museumsmeile. Marc Boehlkau, Inhaber des Fachgeschäfts „Die Küche", überließ den schmucken Wintergarten seines Anwesens der Floristin. Schnell wurde der Blumengarten zu einem „schönen Fleckchen" und zum kommunikativen Treffpunkt. Wie wunderbar, dass sich im Mai 2010 die Anmietung des angrenzenden Raumes ergab. Und damit auch die Möglichkeit, das reine Blumengeschäft durch ein Café zu ergänzen.

„Kaffee, Kuchen und andere genüssliche Dinge wollte ich schon immer anbieten", strahlt Doris Brennig. In Carolin Rechenbach und Sebastian Trefzer hat sie die idealen Partner gefunden. Die selbstständigen Caterer („Smutje's") waren ursprünglich Kunden bei Doris Brennig, jetzt bilden die drei eine „wirtschaftlich getrennte Gemeinsamkeit" – soll heißen: Blumenkunst, Café und Wein sind eine Einheit, die die Besucher begeistert. Von Dienstag bis Samstag gibt es im stimmungsvollen Raum hinter der Veranda besten Kaffee von „Coffee & more" in Staufen, exklusiv hausgemachte Kuchen, Cookies und Brownies, mittags ein frisches Süppchen und eine leckere Quiche. Morgens kann man für sich und die Liebsten (vier bis acht Personen; samstags ab zwei Personen) ein qualitativ hochwertiges Frühstück nach dem Prinzip „Klassiker auf hohem Level" bestellen. Die Devise „weniger ist mehr" ist in der Denke aller drei Partner tief verwurzelt: „Wir haben uns bewusst für eine kleine, feine Auswahl entschieden", bestätigt Sebastian Trefzer, der die Weine von persönlich bekannten Winzern in Baden, im Elsass, in Südfrankreich und im Piemont bezieht. Carolin Rechenbach ist für die kulinarischen Köstlichkeiten des Tages zuständig und umsorgt die Gäste, die sich hier wie zu Hause fühlen. Damit ist ein Grundanliegen der drei Partner erfüllt: „Wir möchten gemeinsam Gastgeber für Menschen sein, die das Besondere suchen."

Via Sal – Schuhe & Mode

Via Sal
Pavlina Flügel

Salzstraße 20
79098 Freiburg

Telefon 07 61 / 3 86 96 44
Telefax 07 61 / 3 86 96 45
www.viasal.de

Nur wenige Meter vom Trubel der Kaiser-Josef-Straße findet sich Via Sal Schuhe & Mode mitten im Shopping-Herz von Freiburg. Hinter der hohen Glasfassade verbirgt sich ein echtes Einkaufsparadies für Shopperinnen.

Pavlina Flügel hat ihre Begeisterung für Mode und ihr außergewöhnliches Gespür für Trends zum Beruf gemacht. Die Boutique wurde vor mehr als zehn Jahren von ihr eröffnet und hebt sich durch ihren besonderen, aber unkomplizierten Stil ab. Das Ladengeschäft präsentiert sich in einem klaren Design und führt eine exquisite Auswahl an Designermode und Schuhen aus den Modemetropolen dieser Welt. Neben coolen Lederjacken und Taschen von Belstaff oder Biker-Boots von Fiorentini + Baker aus Italien finden sich trendige Jeans aus den USA von JBrand, Citizen of Humanity oder Paige. Zu den Favoriten gehören auch die betont lässig-schicken Cashmere-Oberteile von Dear Cashmere und die gefragten Basics von 81 hours. Angesagte Parker von Parajumpers lassen sich zu jedem Outfit kombinieren. Sehr sophisticated sind die Kreationen von Twinset und Hoss Intropia. Zu

den Lieblingen zählen auch die modischen Seidenkleider von Liebig – clean-chic aus Berlin. Trendige Sportswear gibt es von 291. Extravagant wird es mit rockigen Teilen von Rare. Trendige Newcomer-Labels wie Virginie Castaway aus Paris oder Wildfox Couture aus L.A. lassen die Herzen der jungen Fashionistas höher schlagen.
Via Sal Schuhe und Mode bietet einen Mix, der Mädchen und Frauen anspricht. Das Team um die Inhaberin Pavlina Flügel ist für seinen netten, stilsicheren und individuellen Service bekannt. Dazu gehört im Besonderen das Kombinieren außergewöhnlicher Outfits. Viele Kundinnen aus Deutschland, Frankreich und der Schweiz kommen regelmäßig zu Via Sal, weil sie die richtige Mischung aus Beratung und Freiheit zu schätzen wissen. Die Kundinnen werden regelmäßig über Neuigkeiten informiert und spezielle Wünsche werden nach Möglichkeit sofort erfüllt. Mit großem Enthusiasmus widmet sich Pavlina Flügel der wöchentlich wechselnden Schaufensterdekoration: „Die Kundinnen melden uns zurück, dass sie immer gespannt sind, was wir Neues haben", erzählt sie.

Die Ideen für das außergewöhnliche Sortiment bei Via Sal sammelt Pavlina Flügel bei ihren regelmäßigen Besuchen der großen Modemessen in Berlin, Paris und Mailand. Gute Kontakte nach New York und Kalifornien versorgen die Via-Sal-Kundinnen mit den neuesten In-Teilen aus den Vereinigten Staaten. So kommt es, dass Via Sal dem Trend immer voraus ist. „Wenn Sie bei Via Sal einkaufen, ist garantiert, dass Sie Ihr neues Lieblingsteil bald in bedeutenden Modezeitschriften wiederfinden", verspricht die gebürtige Tschechin.

VIV – Trainings & Incentives

VIV GmbH
Trainings & Incentives
Axel Mueller-Hepburn

Schopfheimer Straße 11
79115 Freiburg

Telefon 07 61 / 45 62 62 90
Telefax 07 61 / 45 62 62 99
www.viv-gmbh.de

Outdoor-Seminare und Teamtrainings, Incentives und Events, Reisen und Erlebnispädagogik: VIV hilft Menschen in Gruppen und Teams seit über 20 Jahren ihr Potenzial zu entfalten und zu nutzen. Die ausnahmslos bestens geschulten und ausgebildeten Trainer sind nicht nur in Freiburg und Umgebung unterwegs, internationale Marktführer aus den Bereichen der Pharma-, Automobil- und Dienstleistungsbranche zum Beispiel vertrauen seit Jahren auf das Know-how von VIV.

Die Idee zu VIV entstammt einem nachhaltig eindrucksvollen Naturerlebnis: Was 1991 nach der Durchkletterung einer Bigwall in den USA unter dem Motto „vertikal nach oben“ mit Kletter-Incentives und Reisen begann, hat sich 2006 zur VIV GmbH entwickelt und zu einer erheblichen Angebotserweiterung geführt. VIV bietet „klares und strukturiertes Denken inmitten einer hochkomplexen iApp-Welt“, wie Geschäftsführer Axel Mueller-Hepburn formuliert: im weitesten Sinne Erlebnisse und Aktivitäten in der Natur unter Anleitung von Spezialisten. Im engeren Sinne sind das ausschließlich Angebote, die das VIV-Team für gut befindet. Gemeinsam mit den Kunden entwickeln die Mitarbeiter ein spezifisch auf die jeweiligen Anforderungen zugeschnittenes Programm, dessen Kern immer das

Erleben individueller Stärken und gemeinsamer Potenziale ist. Wer sich selbst als kraftvoll Handelnder erfahre, erspare sich Frustration und Rückzug, wissen die Teamer von VIV. Der vielfach erprobte Effekt: Befreiung vom Alltagsballast, Vertrauen in die eigene Stärke, neue Erkenntnisse über sich selbst und die Mitmenschen, angstfreier Umgang mit Unbekanntem.
Nur wer die interne VIV-Ausbildung durchläuft, hat eine Chance, als Mitarbeiter bei VIV einzusteigen. Basis-Elemente sind der Hochseilgartentrainer-Schein und die erlebnispädagogische Basisausbildung. „So können wir unser Angebot stets auf der höchsten Qualitätsstufe halten“, sagt Axel Mueller Hepburn, der gerne jede Veranstaltung als Unikat sieht. Hier, so weiß er, trenne sich die Spreu vom Weizen, also die Discount-Events vom Band von den qualitativ hochwertigen, auf konstanter und solider Fortbildung basierenden Veranstaltungen mit Alleinstellungscharakter. Verbindlichkeit, Fairness, Offenheit und Respekt sind die Regeln des professionellen Hand-in-Hand-Arbeitens bei VIV. Sicherheitsstandards sowohl in der Komfortzone als auch bei Grenzerfahrungen werden großgeschrieben.

Die Möglichkeiten sind (fast) unbegrenzt: Für Teamtrainings und Incentives verfügt VIV über drei eigene Gelände mit TÜV-zertifizierten Anlagen in Südbaden, darüber hinaus plant und baut die Firma Erlebnisanlagen und -parcours, Hoch- und Niederseilgärten in ganz Europa. „Traincentives“ führen rund um Firmenseminare in die Materie des Teambuildings ein. Ein besonderer Leckerbissen sind die Incentive-Reisen in die unbekannte Ferne – individuell geplante, begleitete Touren, auf denen landeskundige Guides den Teilnehmern die Sitten und Gebräuche der Destinationsländer vermitteln und ihnen deren Menschen näherbringen. „Fremde sind Freunde, die man noch nicht kennt“, sagt ein irisches Sprichwort.

tout terrain

tout terrain Fahrräder & Ausrüstung oHG
Oliver & Stephanie Römer

Industriestraße 11
79194 Gundelfingen

Telefon 07 61 / 20 55 10 00
Telefax 07 61 / 20 55 10 19
www.tout-terrain.de

Leidenschaft und Erfahrung sind häufig ein ausgezeichneter Antrieb für wegweisende Geschäftsideen. Oliver und Stephanie Römer haben die Erfahrung für die Entwicklung ihrer Tourenräder auf zahlreichen Reisen gesammelt. In diesen ersten Reisejahren entstand die Idee, bestehende Produkte im Reiseradsegment für den speziellen Einsatzbereich zu optimieren. tout terrain war geboren und erfreut sich seit 2005 europaweit einer stetig wachsenden Fangemeinde.

Sechs Wochen waren sie 1999 unterwegs, quer durch Kanada, bei Wind und Wetter, über Stock und Stein – danach kennt man die Schwachstellen an Mensch und Material sehr genau. An beiden kann man arbeiten. Doch erst die nächste große Reise, 2001 durch Nepal und Tibet, brachte für Oliver und Stephanie Römer die definitive Wende: „Das war ein Schlüsselerlebnis. Jetzt wollten wir die Marke Eigenbau endlich angehen", erläutert Stephanie Römer, die im Unternehmen unter anderem für das Marketing zuständig ist.

Der Mut und die Überzeugung, Dinge anders zu tun, neue Ideen anzupacken und nicht mit dem Strom zu schwimmen, führten zur Entwicklung innovativer Produkte in neuen Kategorien. Insgesamt sorgen heute mehr als zehn Mitarbeiter für den reibungslosen Ablauf von der sorgsamen Konfiguration des individuellen Fahrrads aufgrund der Modelltypen, über die Bestellung in den europäischen Produktionsbetrieben bis zur Montage und Auslieferung des Komplettrads. „Extrem durchdacht" lobt die Fachpresse und die Kunden

überschlagen sich in ihren euphorischen Kommentaren über die außergewöhnlichen Fahrräder aus Gundelfingen bei Freiburg. „Wir decken alles ab", sagt Stephanie Römer. „Alles", das heißt die passenden Fahrräder für Vielfahrer im Alltag und auf Reisen.

Auch ein Weltumfahrer schwört auf tout terrain: Julien Emre Sayerer, Weltreisender auf zwei Rädern, fand 2009 Eingang in das Guinnessbuch der Rekorde. Die 20 046 Kilometer schaffte er in 169 Tagen auf dem tout-terrain Modell Silkroad. Das Magazin Aktiv Radfahren verleiht dem Modell denn auch das Testurteil „überragend". Dabei ist es keineswegs nur auf der Seidenstraße extrem tauglich: Timbuktu oder München – das spiele keine Rolle, betonen die Tester.

Neben den Eigenentwicklungen im Bereich der Alltags- und Reiseräder bietet tout terrain ein umfassendes Angebot an Fahrradanhängern und ausgewählten Zubehörprodukten, so zum Beispiel den Singletrailer, den weltweit einzigen einspurigen, gefederten Kinderanhänger. tout-terrain-Produkte werden ausschließlich über den Fachhandel vertrieben. Über 80 aktive Händler sind es in Deutschland, der Schweiz und Österreich und der internationale Markt zieht nach. Fünf Eurobike-Awards haben die von Kunden und Spezialisten gleichermaßen als sehr innovativ beurteilten Unternehmer („Überzeugungstäter", wie Stephanie Römer sagt) bereits gewonnen. Es werden nicht die letzten sein!

ip20.Einrichten

ip20.Einrichten
Geschäftsführer: Berthold Werner

Schopfheimer Straße 2
79115 Freiburg

Telefon 07 61 / 49 07 10
Telefax 07 61 / 4 90 71 71
www.ip20freiburg.de

ip20, das steht für zeitlose und flexible Möbel in bester Qualität. Privat oder beruflich, in Praxen, Büros, Behörden, Institutionen, Banken: Möbel von ip20 passen sich den jeweiligen Gegebenheiten optimal an und optisch ein. Einrichtungen nach Maß sind es, die Berthold Werner und sein Team seit 1979 in Freiburg anbieten. Als Partner des weltweit agierenden Franchise-Lizenzgebers mit Sitz in Hamburg profitieren sie und ihre Kunden von dem ausgeklügelten Möblierungssystem, das die Nische zwischen Schreinerei und Möbelhaus schließt.

Anfänglich als Ein-Mann-Betrieb geführt, hat sich ip20.Einrichten in Freiburg und der weiteren Umgebung als begehrter Partner für Möbel etabliert, die weder „von der Stange" kommen noch Individualfertigungen vom Schreiner sind. „Wir planen alle Bereiche der Möblierung – vom Dachschrägenausbau über das Bücherregal für zu Hause bis hin zur kompletten Praxiseinrichtung oder der ganzheitlichen Büromöblierung", sagt Berthold Werner. Von der fachkompetenten Beratung über die bedarfsgerechte Planung bis hin zu Lieferung und Einbau kümmert sich ip20.Einrichten um alle Details. Dabei können EU-Normierungen genauso berücksichtigt werden wie EDV-kompatible Schreibtischformate oder passgenaue Aktenschränke. Sogar die Teeküche, die Garderobe, der Kleiderschrank wird optimal in das Gestaltungskonzept integriert. Auch Einzelanfertigungen nach individuellen Vorgaben des Kunden sind mit der speziell konzipierten CAD-Planung jederzeit möglich. Die so entstehenden Raumkonzepte entsprechen genau den persönlichen Anforderungen und führen zu „mehr Raum im Raum".

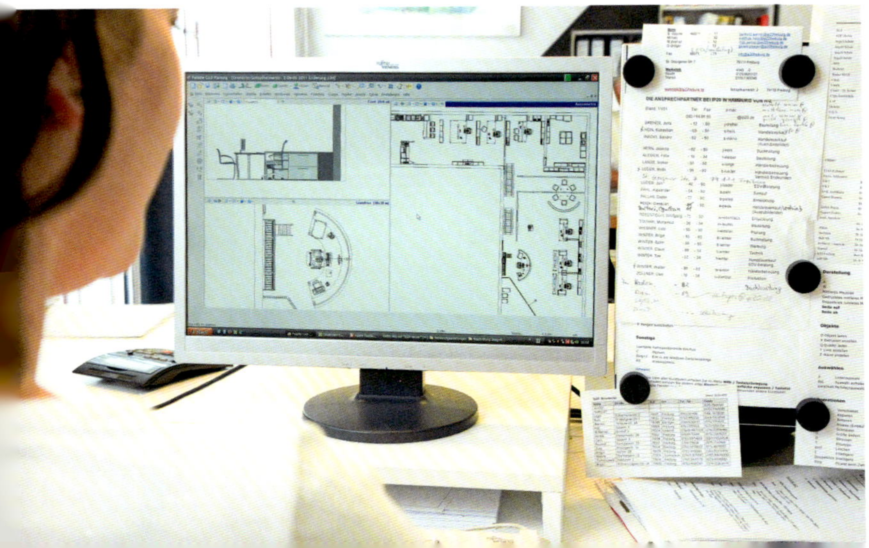

Mit ip20.Einrichten lassen sich eigene kreative Ideen verwirklichen, denn das System mit den klaren Linien präsentiert sich ebenso durchdacht funktional wie ästhetisch anspruchsvoll. Moderne Klassiker eben, die sich ganz nach den persönlichen Wünschen der Bewohner und Nutzer immer wieder ergänzen, erweitern, neu kombinieren lassen. Anders als bei typisierten Möbelsystemen gibt es bei ip20.Einrichten eine zehnjährige Nachkaufgarantie. Die in ganz Deutschland ansässigen Partner garantieren ein Höchstmaß an Flexibilität und Service. Und der wird bei den ip20-Spezialisten ganz großgeschrieben: Das kompetente Team steht für Planung, Fertigung und Vertrieb der Möbel nach Maß zur Verfügung.
Die eigene Lagerhaltung und Fertigung in Freiburg erweitert die Grenzenlosigkeit des modularen Möbelsystems gar noch: „Sonderanfertigungen und Extrawünsche sind bei uns in besten Händen", erläutert Max-Lukas Werner, der Sohn des Firmeninhabers. Der Generationenwechsel vollzieht sich in derselben Kontinuität, für die Berthold Werner bei seinen Kunden geschätzt wird. Das Prinzip „Alles aus einer Hand" ist für Vater und Sohn oberste Prämisse: Auch hochwertige Stühle, Beleuchtung und Bodenbelag werden von ihnen dem Raumkonzept angepasst.

Dr. Marcus Simon

Dr. Marcus Simon
Parodontologie, Implantologie & Restaurative
Zahnheilkunde

Konviktstraße 21
79098 Freiburg

Telefon 07 61 / 3 38 17
Telefax 07 61 / 3 94 02
www.drsimon.de

Die Patienten und Mitarbeiterinnen der Zahnarztpraxis Dr. Marcus Simon in der malerischen Konviktstraße genießen ein Privileg, das gleichermaßen selten wie kostbar ist: Zeit in angenehmem Ambiente, Ruhe für diesen einen Patienten zu haben, der gerade im Stuhl sitzt, das bezeichnet der Spezialist für konzeptionelle Zahnbehandlungen als eine besondere Kernkompetenz der Praxis mit den Schwerpunkten Prophylaxe, Parodontologie, Endodontie, Implantologie und anspruchsvolle restaurative Zahnheilkunde. Ziel ist die absolute Zufriedenheit des Patienten.

„Die Leitlinie unserer Behandlung ist das ‚Synoptische Behandlungskonzept' der weltweit anerkannten Züricher Schule", erläutert der Zahnmediziner. Dieses zukunftsweisende Konzept stellt die Prävention und Prophylaxe ins Zentrum der Behandlung. Dadurch sollen fortschreitende Zahn- und Gewebeschäden von vornherein reduziert oder sogar vermieden werden. „Es ist möglich, einen Großteil des Lebens zahngesund zu sein", bestätigt Dr. Marcus Simon. Wer von Kindheit an mit einem gesunden Zahnbewusstsein aufgewachsen sei, werde zukünftig immer weniger Behandlungsbedarf haben.
Eine ausführliche Diagnostik, Erfahrung und Sicherheit sind die fundamentalen Komponenten der Behandlung. Dabei steht der einzelne Patient immer im Mittelpunkt, wird auf Augenhöhe wahrgenommen und individuell betreut. Ein zuverlässi-

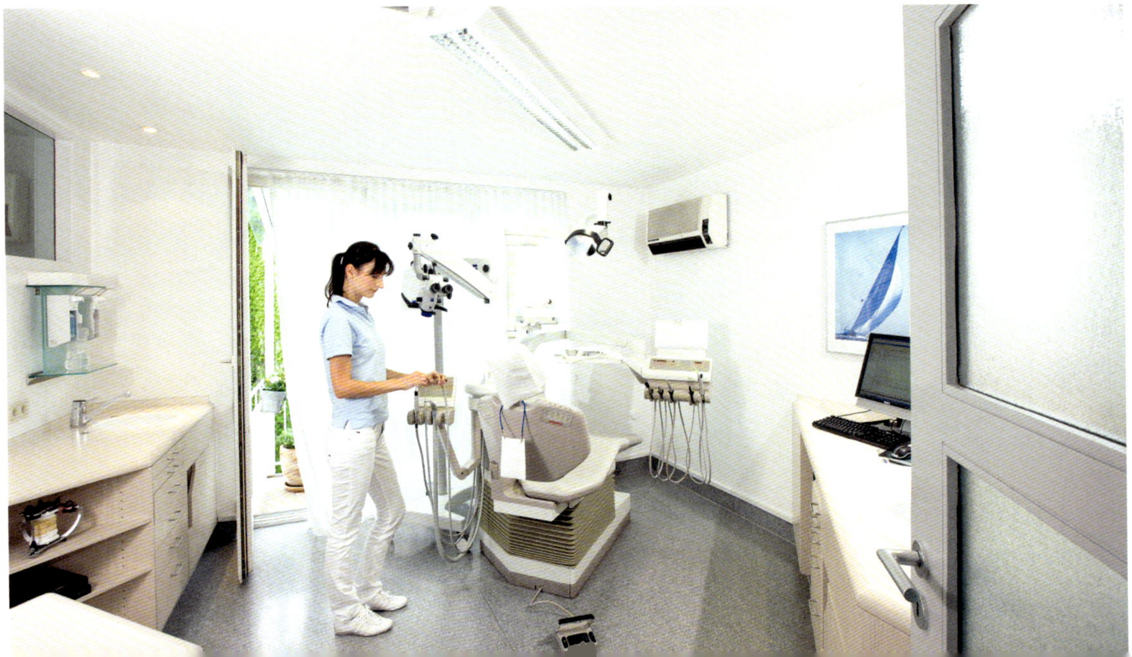

ges Terminsystem ermöglicht, Wartezeiten angenehm zu reduzieren. Mit einem mehrstufigen Plan wird der Patient auf seine Behandlung vorbereitet: Gemeinsam stellen Arzt und Patient anhand einer tiefgehenden Befunderhebung den Ist-Zustand fest. Nach dieser Diagnostik erläutern die Zahnärzte ausführlich, welche Empfehlungen und Strategien daraus folgen. Der Patient ist unmittelbar einbezogen in die Entscheidung, was für erforderlich erachtet und finanziell angemessen ist - selbstverständlich stets unter dem Primat medizinischer Notwendigkeit. In dem folgenden Therapieverlauf kommen ausschließlich aktuellste medizinische Verfahren und Technologien zum Einsatz.

Ein fachlich und menschlich miteinander kommunizierendes Informationsnetz aus Technikermeistern, Ärzten und Dienstleistern garantiert ein Höchstmaß an Kompetenz und Qualität. So erfährt der Patient eine weitreichende Strategie für seine persönliche Zahngesundheit. Eine wichtige Rolle spielen auch die Hygienestandards, die hier auf bewusst hohem Niveau die gesetzlichen Anforderungen übertreffen: Alle Instrumente werden nach einem detaillierten Reinigungsplan EDV-gestützt sterilisiert und jede Maßnahme sorgfältig dokumentiert. Drei bestens weitergebildete Mitarbeiterinnen in der Administration und Qualitätssicherung und zwei spezialisierte Dentalhygienikerinnen gehören ebenso zum Team wie zwei Auszubildende.

Wer sich für die Zahnarztpraxis Dr. Simon entscheidet, hat eine bewusste Wahl getroffen, die mit dem guten Gefühl einhergeht, sich aktiv für die eigene Gesundheit zu engagieren: „Wir haben den Anspruch, dass die Patienten gerne zu uns kommen", sagt Dr. Marcus Simon.

Lebensart an der Dreisam – Entdeckungen mit Charme und Charakter

Es gilt, über Entdeckungen der Freiburger Art zu sprechen. Über jene einzigartige Mischung aus Ordnung und Laisser-faire, aus Fleiß und Müßiggang, Ideenreichtum und Bürgernähe. Während sich andernorts die Schneeglöckchen noch mal im Winterschlaf umdrehen, sitzen die Menschen in Freiburg schon im sonnigen Straßencafé. Eine Gewohnheit, der sich nicht nur „Eingeborene“ mit ausgiebiger Leidenschaft und bewundernswerter Konsequenz widmen: Auch der Wochenendbesucher lässt sich liebend gerne auf diese als „mediterrane Lebensart“ bezeichnete Sitte ein. Kein Wunder, kann man in Freiburg und Umgebung doch viel früher und viel länger milde Temperaturen genießen als anderswo in Deutschland.
So ist es auch nicht weiter verwunderlich, dass die Dichte der Straßen-, Dorf- und Laubenfeste – in diesem Landstrich gerne auch „Hocks“ genannt – Rekordhöhe erreicht. Jedes Quartier hat sein Stadtteilfest, hinzu kommen Veranstaltungen wie das Weinfest auf dem Münsterplatz, der Freiburger Münstersommer, der Konzerte und Lesungen von Juni bis September vereint, die Museumsnacht und zahlreiche weitere Anlässe, die alle ihr Publikum finden. Eine besondere Spezialität sind die „Straußen“, zweimal im Jahr für je acht Wochen geöffnete Betriebe von Winzern, die ihre eigenen Weine und einfache Gerichte anbieten. Auf die Lokalität mit dem begrenzten Platzangebot (mehr als 40 Sitzgelegenheiten darf es per Dekret nicht geben – wie viele fröhliche Besucher sich auf diesen zusammenquetschen dürfen, steht jedoch in keinem Gesetz) wird durch einen „Strauß“ mit bunten Bändern hingewiesen, ein spezieller Straußenkalender gibt Auskunft über Lage und Öffnungszeiten.
Der Tourismus in und um Freiburg boomt seit Jahren auf hohem Niveau, 2007 wurden erstmals über eine Million Übernachtungen in Freiburg verzeichnet. Mittlerweile liegt die Marke bei

„Hocks“ gehören zur mediterranen Lebensart

1,25 Millionen. Neben den kaufkräftigen Schweizern besuchen vermehrt auch Niederländer, Italiener, Russen und Chinesen die Stadt an der Dreisam. Nicht alle sind reine Schlender- und Genusstouristen. Mehr und mehr Menschen kommen, um sich Projekte anzuschauen, die ökologische und energetische Maßstäbe setzen. Die in den 1990er-Jahren entstandenen neuen Stadtteile Vauban und Rieselfeld machen immer noch Furore, gelten sie doch als gelungene Beispiele einer gleichermaßen sozial ausgewogenen wie energetisch zukunftsweisenden Stadtplanung. Die Solarsiedlung und das Sonnenschiff des preisgekrönten Pioniers Rolf Disch setzen auf die Kraft der Sonne und Plusenergiebauweise, und das erste Passivhochhaus aus 1960er-Jahre-Bestand der „Freiburger Stadtbau GmbH" im Stadtteil Weingarten begeistert Bewohner und Besucher aus aller Welt.

In Sachen nachhaltiger Lebensstil hat die Fahrradstadt – fast 30 Prozent der Bevölkerung nutzen das Fahrrad täglich, das Radwegenetz ist über 400 Kilometer lang – die Nase vorn. Begünstigt von Natur, Umwelt und Klima bieten sich hier, zwischen Schwarzwald und Rhein, die besten Bedingungen für Unternehmen der Zukunft. Seit Oktober 2010 ist die kleine Großstadt im äußersten Südwesten der Republik auch offiziell „Bundeshauptstadt im Klimaschutz" und hat gerade den Hauptpreis der Auszeichnung in Betrieb genommen: eine 30-Kilowatt-Solaranlage auf dem Dach des Bürgerhauses am Seepark. Die Bürger

Neues Rathaus

Fahrradstadt Freiburg

Stadtgarten

und ihre Belange ernst zu nehmen, ist Tradition: 17 Bürgervereine sind als politische Vertretung der Stadtviertel in ihren Quartieren präsent, sind in einer Dachorganisation (AFB – Arbeitsgemeinschaft Freiburger Bürgervereine) zusammengeschlossen und haben einen guten Draht zum Rathaus. Das steht in Freiburg genau dort, wo ein Rathaus hingehört – mitten in der Stadt auf dem Rathausplatz. Ein bezeichnendes Bild, empfiehlt sich die Stadt doch als City der kurzen Wege – und das durchaus auch im übertragenen Sinne. Der Gemeinderat aus 48 direkt gewählten, ehrenamtlich tätigen Stadträtinnen und Stadträten in sieben Parteien beziehungsweise politischen Gruppierungen ist unter Vorsitz des Oberbürgermeisters oberstes Organ der städtischen Selbstverwaltung.

Spätestens, wenn man die Stadt und ihre Umgebung von oben betrachtet, weiß man, dass „Green City" mehr meint als einen grünen Oberbürgermeister und die vielfältigen Bemühungen um eine stimmige Balance aus Ökologie und Ökonomie. Natürliche und bewusst kultivierte Ökosysteme säumen die urbane Struktur: Wald, Wiesen, Reben, Felder. Rund 40 Prozent des Stadtgebietes gehören dem Wald, mit über 5 000 Hektar eigener Waldfläche gehört der Stadtwald Freiburg zu den größten Kommunalwäldern Deutschlands. Ein extra für die Belange der nachwachsenden Ressource etabliertes „WaldHaus" macht Bürger und Besucher, Kinder und Erwachsene in Out- und Indoor-Veranstaltungen regelmäßig mit den hölzernen Schätzen der Stadt und des Schwarzwaldes vertraut.

Zahlreiche Ausflugsziele kann man von der Innenstadt aus direkt zu Fuß erreichen: Allein am Schlossberg finden alle Altersstufen Spaß und Entspannung bei Spaziergängen, Wanderungen

und ausgewiesenen Nordic-Walking-Strecken. Der Mundenhof im Westen der Stadt ist – nicht nur im Frühjahr, wenn die Tierbabys ihre ersten Ausflüge machen – ein beliebtes Ziel für kleine und große Tier- und Naturliebhaber. Stadtgarten, Seepark, das Gelände am Dietenbachsee, zahlreiche Freibäder, Seen und die Ufer der Dreisam sind Garanten für kleine Fluchten mit großem Erholungswert. Ausflugsgaststätten gibt es in großer Anzahl, an ausgewählten Orten laden Grillstellen zum gemeinsamen Picknick ein. Weiter entfernt liegende Ziele lassen sich ebenso bequem wie zeitnah mit optimal aufeinander abgestimmten öffentlichen Verkehrsmitteln erreichen.

Stadtteil Vauban, zukunftsweisend in ökologischer Architektur

Die Küche

Die Küche
Marc Boehlkau

Wallstraße 12-14a
79098 Freiburg

Telefon 07 61 / 2 35 45
Telefax 07 61 / 3 14 99
www.diekueche.com

Endlich ist die Küche dort angekommen, wo sie von jeher hingehört: im kommunikativen Mittelpunkt des Lebens. Eine wichtige Voraussetzung für die kulinarische Atmosphäre ist die Auswahl der passenden Kücheneinrichtung. Das Fachgeschäft Die Küche am Rande der Freiburger Altstadt beweist seit 1973, dass Kochen in Gemeinschaft kein vorübergehender Trend, sondern ein tiefes Bedürfnis ist. Und ein Erlebnis für alle Sinne!

Es ist noch gar nicht so lange her, da fristete die Küche ein eher bescheidenes Dasein. Praktisch und funktional sollte sie sein, möglichst platzsparend und keinesfalls dem Wohnbereich zugeordnet. In der sogenannten „Frankfurter Küche" werkelten seit den 1950er-Jahren Millionen von Hausfrauen auf engem Raum still und abgeschlossen vor sich hin. Wie haben sich die Zeiten geändert: Heute ist die Küche der Mittelpunkt modernen Wohnens. Offenheit und Transparenz sind Trumpf, gemeinsames Kochen wird immer beliebter, die Geselligkeit im eigenen Heim schafft Vertrauen und Zugehörigkeit.
„Die Atmosphäre einer Küche entsteht nicht allein durch ihre Einrichtung, sondern auch aus

dem Zusammenspiel mit dem Raum, in dem sie steht", bestätigt Marc Boehlkau, der das ästhetisch und technisch anspruchsvolle Fachgeschäft seit 2004 in zweiter Generation führt. Zusammen mit seinem Bruder Guido und zehn kompetenten, zuverlässigen Mitarbeitern plant und realisiert er hochwertige Küchen in ganz Europa. Die meisten Kunden kommen auf Empfehlung, haben bei Freunden eine Boehlkau-Küche bewundert und möchten nun auch zu den Küchengewinnern gehören. Gewinnen lässt sich enorm viel: ein völlig neues Raumgefühl und mehr Lebensqualität. Und Individualität: „So unterschiedlich wie die Menschen, so unterschiedlich sind die Küchen, die wir ihnen anbieten können", bestätigt Marc Boehlkau. Manche Kunden hätten bereits vor ihrem Besuch im geräumigen Studio sehr genaue Vorstellungen von ihrer zukünftigen Küche, andere wiederum entschieden sich spontan beim Anblick verschiedener Küchen und wieder andere könnten sich erst ein genaueres Bild von ihrer Küche schaffen, wenn sie eine detaillierte Planung vor sich sehen, führt Boehlkau aus. Er rät zu einem Stufenplan: Nach dem unverbindlichen Umschauen im Küchenstudio vereinbart man einen Termin mit dem Küchenplaner. Mit Maßskizze oder Bauplan der Küche wird in einem ein- bis zweistündigen Gespräch erörtert, was gewünscht und machbar ist. Danach geht es in die Planung und Umsetzung der Traumküche.

Nur beste Materialien verwenden die Küchenhersteller, die die Familie Boehlkau seit fast 40 Jahren favorisiert: Als exklusiver Bulthaup- und Leicht-Vertragshändler sind diese Standards Pflicht und Kür zugleich. Die technische Ausstattung ist entsprechend hochwertig: Miele, Gaggenau, Bosch, Liebherr, Eisinger, Sub Zero und La Cornue liefern die passenden Geräte. Die enge Zusammenarbeit mit Fachbetrieben vor Ort garantiert die kontinuierliche handwerkliche Leistung beim Einbau der neuen Küche.

Regelmäßig stellen die Boehlkaus ihre perfekten Studioräume (laut dem Koch Ben Kindler „das beste Küchenstudio der Welt") für Events mit Mehrwert zur Verfügung: Comedy und Kochen, Workshops und Weinproben bringen die Menschen miteinander ins Gespräch. Küchen-Kommunikation vom Besten!

Culinara Zoller Genusskultur

Culinara Zoller Genusskultur
Günter & Adelheid Zoller

Konviktstraße 21-23
79098 Freiburg

Telefon 07 61 / 3 75 36
Telefax 07 61 / 2 02 29 01
www.culinara-freiburg.de

Genusskultur zum Probieren – so bezeichnet die Familie Zoller ihr umfangreiches Angebot kulinarischer Köstlichkeiten aus ganz Europa nebst allem, was dazugehört. Wer sich auf Culinara einlässt, tritt so schnell nicht wieder hinaus auf die idyllische Konviktstraße zwischen Schwabentor und Münster. Neben einem Stück badischer Lebensart, bieten Günter, Adelheid und Julian Zoller auch mediterrane Spezialitäten und Tischkultur vom Feinsten.

Seit 15 Jahren machen die Zollers und ihr Team für Wein und Tischkultur die Freiburger, ihre Gäste und die Besucher von nah und fern mit ihren Spezialitäten glücklich. So ist es auch nur selbstverständlich, dass nicht nur der Gaumen verwöhnt wird, sondern auch das Auge: Der gedeckte Tisch spielt die Hauptrolle.

„Gesund genießen" steht im Vordergrund all ihres Strebens: bestes natives Olivenöl und wertvolle Spezialitäten wie Arganöl, Leinöl, Gewürzöle, naturbelassener Essig, ergänzt von Gewürzen aus aller Welt (oft mit Bio-Siegel) und Fleur de Sel. Alles kann beschnuppert, geschmeckt und ausprobiert werden. Saisonale Rezepte gibt es gratis dazu. Auch das komplette Zubehör gibt es bei Culinara: formschöne Gläser und Karaffen, funktionale Korkenzieher und Ausgießer, Arbeitsbretter und Messer, Gewürzmühlen und Geschirr. „Wir legen großen Wert auf Erzeugnisse aus kleinen Manufakturen", betont Adelheid Zoller. Die Spezialistin für das Gourmet-Glück kennt sich aus mit den Wünschen ihrer Kunden, berät sie charmant und ausführlich über die passenden Zutaten zu einem unvergesslichen Menü. Regelmäßige Besuche bei den Lieferanten prägen die Qualitätsfanatiker ebenso wie die alljährliche Präsentation an einem großen Stand auf der Freiburger Genussmesse „Plaza Culinaria".
Günter Zollers Leidenschaft gilt hochwertigen handgearbeiteten Messern aus der Traditionsschmiede „Forge de Laguiole" in der Auvergne. Heute gehört Culinara zu den 100 wichtigsten

Laguiole-Repräsentanten, eine ausführliche Information über die Geschichte der „Messer mit der Biene" findet sich auf der Internetseite von Culinara. „Angefangen hat alles mit Kochmessern", erzählt der Inhaber mit leuchtenden Augen. Es begeistert ihn immer wieder, wenn zufriedene Kunden glücklich von ihren Erfolgen in der Küche berichten. Culinara bietet dem ambitionierten Hobbykoch vier japanische Kochmesser-Serien der Weltklasse an. Dem Kunden die Schneidtechnik nahezubringen, gehört zu den Serviceleistungen. Ein Schleifservice stellt die Abrundung dar.
Wer den lohnenden Weg in die Konviktstraße mal nicht schafft oder in der Ferne Sehnsucht nach Culinara hat, kann sich im neuen Online-Shop eindecken. Juniorchef Julian hält den Inhalt stets aktuell und ergänzt laufend mit neuen, exquisiten Gaumenfreuden.

schwarzundwald & florale werkstatt

schwarzundwald
Simone Bohny & Nicole Nitschke

Rathausgasse 12 /
Ecke Universitätsstraße
79098 Freiburg

Telefon 07 61 / 5 90 03 88
www.schwarzundwald.de

florale werkstatt
Christian Weiß

Rathausgasse 12 /
Ecke Universitätsstraße
79098 Freiburg

Telefon 07 61 / 5 90 03 87

Zwei Eingänge, ein Laden: Zwischen Rathausgasse und Bertoldstraße teilen sich schwarzundwald von Simone Bohny und Nicole Nitschke sowie die florale werkstatt von Christian Weiß ein Ladengeschäft. Schönes, Gutes, Feines aus der Region verbindet sich organisch mit der natürlichen Anmut frischer Blütenkunst von Meisterhand. Die Inhaber sind befreundet und ihre gemeinsamen Events eine Bereicherung für die Freiburger und ihre Gäste.

Souvenirs aus Freiburg und dem Schwarzwald gibt es zuhauf. Doch Tradition neu zu denken und das Gute mit dem Modernen zu verbinden – das hatte zuvor in Freiburg gefehlt. Neun Monate – „so lange wie eine Schwangerschaft" – haben sich Simone Bohny und Nicole Nitschke im Schwarzwald umgetan, haben das Besondere gefunden und die meisten Hersteller selbst kennengelernt. Danach waren sie überzeugt: Die vielen guten Dinge aus kleinen Manufakturen haben es verdient, gemeinsam präsentiert und verkauft zu werden. Im Juli 2009 eröffneten die beiden Freiburgerinnen ihren etwas anderen Souvenirshop – und hatten von Anfang an Erfolg. Neben den bunten Kuckucksuhren als Blickfang umfasst das heimatliche Sortiment originale Spezialitäten aus Küche und Keller, originelle Accessoires, eine kleine Auswahl hochwertiger Kleidung, Bücher über und aus der Region, kleine und größere Mitbringsel und noch viel mehr. Nicht nur Touris-

ten mit dem Hang zum Ausgefallenen werden bei schwarzundwald glücklich. Auch Einheimische und solche, die es einmal waren, finden hier das besondere Geschenk für sich selbst und Exil-Freiburger. Denn, das wissen die beiden erfolgreichen schwarzundwald-Inhaberinnen: Alle lieben Freiburg. Wen die Sehnsucht plagt, kann sich ein Stück Zuhause im Homeshop bestellen.
Selten war Shop-in-Shop so überzeugend: Zu Christian Weiß kann man direkt hinüberschlendern. Seine florale werkstatt hat schon mit dezent betö rendem Blütenduft auf sich aufmerksam gemacht. Werkstatt? Ja, bewusst sei dieser Begriff gewählt, bestätigt der in Freiburg bekannte Florist. Schließlich stelle man ja etwas her mit dem lebendigen „Material". Nicht die üblich-üppigen knallbunten Blumensträuße sind hier zu finden, sondern dezente florale Kunstwerke, in denen sich die Ästhetik der einzelnen Blütenrispe, eines Zweiges, eines ausgefallenen Steins vereint. Jedes Stück ein Unikat und der Kunde ein gern gesehener Gast, der spürt, dass ihm hier Besonderes widerfährt: Seine Vorlieben werden erfragt, erkannt und in die Blütensprache übersetzt. So entstehen temporäre Kunstwerke, an denen man sich kaum sattsehen kann. Das Verfallsdatum spielt keine große Rolle. Die Wege sind kurz in Freiburg, zumal zum Rathaus: ein paar Schritte nur zum Trauzimmer im neuen alten Rathaus. Hochzeitsfloristik vom Brautstrauß bis zur Dekoration ist für Christian Weiß und sein Team eine besondere Herausforderung. Schließlich soll das Ja-Wort von den perfekten Blumen begleitet sein.
Die harmonische Nachbarschaft treibt ständig neue kreative Blüten: Gemeinsam mit weiteren guten Adressen planen und gestalten Christian Weiß, Simone Bohny und Nicole Nitschke besondere kulturelle Events in Freiburg.

schön & gut

schön & gut
Katharina Fritsche

Lorettostraße 30
79100 Freiburg

Telefon 07 61 / 4 88 01 76
www.schoen-und-gut.eu

Als Katharina Fritsche im Jahr 1999 nach elf Jahren auf dem Peloponnes in Freiburg ankam, da hatte sie außer ihrem Beruf als Goldschmiedemeisterin auch ein profundes Wissen über das duftendgrüne flüssige Gold der Oliven im Gepäck. In ihrem Ladengeschäft schön & gut im Freiburger Quartier Wiehre vereint sie ausgefallenen Schmuck mit Olivenöl allererster Güte.

Wäre sie nicht der Liebe wegen nach Griechenland gegangen, hätte Katharina Fritsche heute ein anderes Leben. Womöglich eines ohne Olivenöl. Das wäre sehr schade, sind doch aus den ersten Freunden, die ihr das grüne Gold abkauften, mittlerweile Hunderte Abnehmer in ganz Deutschland geworden. Bis heute ist die Goldschmiedemeisterin ihrer Absatzstrategie treu geblieben. Die lautet: Man nehme bestes Öl von Kalamata-Oliven aus der Mani (das ist der mittlere Peloponnes-„Finger“), aus erster Kaltpressung, mit minimalem Säuregehalt, fülle es in Fünf-Liter-Kanister ab und lasse es nach Freiburg transportieren. Dann gehe man auf Tour. Im Januar/Februar ist Katharina Fritsche unterwegs zu ihren Kunden, die schon sehnsüchtig auf ihr Labsal warten. „Der Kunden-

stamm wächst stetig", freut sich die Inhaberin von schön & gut, die auf ihrer Deutschland-Tournee viele Fünf-Liter-Kanister ausliefert. Wie beim Wein sind auch beim Olivenöl verschiedene Faktoren wichtig für den Geschmack: Sorte, Boden, Klima, Reinheit und sorgfältige Ernte spielen eine ebenso wichtige Rolle wie die professionelle Pressung. Das Institut DSG Biotec in Aschau bestätigt dem Olivenöl von schön & gut regelmäßig seine Spitzenqualität. Weitere mediterrane Produkte wie Kalamata-Oliven und Kapern komplettieren das schmackhafte Angebot.

Vor zwei Jahren hat Katharina Fritsche den Sprung von Merzhausen nach Freiburg geschafft. Mitten in der idyllischen Wiehre ist schön & gut zu einem Begriff für Lebensqualität mit Anspruch geworden. Von bester Qualität ist nicht nur das Olivenöl: Die Schmuckkollektion der Goldschmiedemeisterin ist geprägt von Individualität und Originalität. Und von einer tiefen Beziehung: „Goldschmiedin ist mein Beruf, meine Leidenschaft, meine Liebe", kommt es aus tiefstem Herzen. Ketten aus selbst gesammelten Kieselsteinen von griechischen Stränden, dezent ergänzt durch goldene und silberne Plättchen, schmiegen sich an den Hals der Trägerin. Schmuck aus farblich fein abgestimmten Edelsteinen und funkelnde naturfarbene Diamantketten schimmern aus der Vitrine. Glänzende Elemente mischt Katharina Fritsche mit matten Perlen, mit Leder und Edelmetallen. Alle Teile ihrer Kollektion sind Unikate und stammen

aus dem eigenen Goldschmiedeatelier, das in das helle Ladengeschäft integriert ist. Doch nicht nur Neues entsteht hier: Umarbeitungen alten Schmucks sind eine Leidenschaft der kreativen Designerin. „Natürlich setze ich auch gerne die persönlichen Vorstellungen meiner Kunden in Einzelanfertigung um oder entwerfe und fertige nach den individuellen Ideen", ergänzt Katharina Fritsche ihr breites Spektrum.

bailando – DanceWear & Shoes

bailando
DanceWear & Shoes
Kirsten Schöller

Bismarckallee 2 (beim Konzerthaus)
79098 Freiburg

Telefon 07 61 / 2 85 63 60
www.bailando-dancewear.de

„Tanzen ist Träumen mit den Beinen", sagt Kirsten Schöller. In ihrem Geschäft in zentraler Lage zwischen Hauptbahnhof und Konzerthaus erfüllt sie Menschen zwischen drei und 80 Jahren den Traum vom passenden Tanz- und Ausgeh-Outfit.

bailando, ein gleichermaßen starkes wie elegantes Wort, das schon auf der Zunge ein Summen erzeugt. Ein Summen, das sich beim Betreten des hellen Fachgeschäfts in reine Freude verwandelt: Auf 120 Quadratmetern findet sich alles, was (nicht nur) das Tänzerherz begehrt. Das umfangreiche Sortiment beinhaltet neben Tanzbekleidung jeder Art auch die passenden Schuhe: Spitzenschuhe, Ballettschläppchen, Dance-Sneakers, Latein- und Standardschuhe. Besonderes Interesse finden die Tanzschuhe aus der Manufaktur von Werner Kern.

Wer an Tanz denkt, in dessen Kopfkino entstehen Filme voller Grazie, Anmut und Ästhetik. Nicht von ungefähr verbindet man mit Tanz positive Begriffe wie Lebensfreude und Eleganz. Kirsten Schöller hat ihre Leidenschaft für den Tanz im Jahr 2000 zum Beruf gemacht und erfreut sich

in Baden einmaliger Beliebtheit: Die Kunden nehmen bis zu 100 Kilometer lange Anfahrtswege auf sich, kommen aus dem Schwarzwald, auch aus dem benachbarten Elsass und der Schweiz, um hier ihre Tanz- oder Abendmode einzukaufen. Ganze Tanzgruppen holen sich Rat über Materialien und Stoffe und lassen sich zu Kostümideen inspirieren.

Die persönliche, kompetente und individuelle Beratung steht bei bailando an erster Stelle: „Unsere Kunden dürfen sich alle Zeit der Welt lassen, um ein für sie passendes Outfit zu finden“, bestätigt die qualitätsbewusste Unternehmerin. Die sechs Mitarbeiterinnen sind geschulte Fachverkäuferinnen, die sich eben diese Zeit auch gerne nehmen. Nicht nur für reine Tanzbekleidung – auch hochwertige Abendmode, Streetwear und Accessoires wie Party-Handtaschen zählen zum Angebot: „Neben stilvoller Abendgarderobe für Damen führen wir zwei trendige Streetwear Labels aus Italien (Dimensione Danza und Deha) – genau richtig für sportlich-elegante Frauen am Puls der Zeit“, bestätigt Kirsten Schöller stolz. Ebenso bequeme wie hochwertige Mode für alle, die Yoga zu ihrem Lebenselixier zählen, ergänzt das Angebot. So ist das Publikum gemischt, aber vereint in der Freude an Bewegung, Ästhetik und Qualität.

Die Kleinsten sind begeistert von pastellfarbenen Tutus, schlüpfen aufgeregt in ihre neue Haut und finden auch die passenden Schläppchen dazu. Die „Großen“ freuen sich über hochwertige Stoffe in weichfließender Qualität. Sehr beliebt ist das bailando-Ballett-Set für Kinder. Zum Sonderpreis gibt es einen Ballettanzug, eine Strumpfhose und Ballettschläppchen aus Leder für den Einstieg ins tänzerische Leben.

Eine Online-Plattform mit ausführlichen Produktbeschreibungen sowie ein Katalog mit Markentrikots und -schuhen für die Bereiche Ballett, Jazz und Modern Dance geben einen vorfreudigen Einblick in das vielfältige bailando-Sortiment.

Effinger Living & Clothing

Effinger Living & Clothing
Jasmin Effinger

Oberlinden 1
79098 Freiburg

Telefon 07 61 / 2 11 98 94

Jasmin Effinger hat den vollen Durchblick: Effinger Living & Clothing liegt buchstäblich an einer der schönsten Ecken Freiburgs, in Oberlinden. Das ebenerdige Ladengeschäft in Freiburgs oberer Altstadt bietet attraktive Sicht von und zur Salz- und Herrenstraße. Solchermaßen privilegierte Lage erfordert beste Präsentation. Eine Selbstverständlichkeit für Jasmin Effinger, die ihre Kunden seit Herbst 2008 mit ihrem Stil begeistert.

Wer den Laden betritt, fühlt sich nicht selten magisch angezogen von der Atmosphäre, die einem bereits aus den Schaufenstern entgegenstrahlt. So möchte man auch leben! Jasmin Effinger hat ein ausgeprägtes Händchen für die Stimmigkeit von Materialien und Farben: Hier ein festlich gedeckter Tisch, daneben das passende modische Outfit, dort eine Vitrine mit farblich abgestimmten Kerzen, einige saisonale Akzente – so könnte es auch bei den Kunden zu Hause aussehen.

Anfangs, so erzählt die seit über 25 Jahren erfolgreiche Geschäftsfrau, sei ihr Angebot etwas fremd gewesen für die Freiburger. Das hatte sich schnell erledigt: Im Zentrum von Freiburgs beliebter Altstadt-Shoppingmeile zwischen Münster und Schwabentor hat Jasmin Effinger mit ihrem Angebot einen neuen Akzent gesetzt. Ihr atmosphärisch ausgeleuchtetes Geschäft vereint all die schönen Dinge, mit denen man sich alltäglich umgeben möchte. Wohnbereich, Kleidung, Accessoires: Jasmin Effinger hat früh erkannt, dass

man das, was zusammengehört, nicht künstlich trennen sollte. Und so ist es kein Wunder, dass die Inhaberin mit ihrem Namen für den eigenen Stil steht. Seit drei Jahren ist sie mit diesem Konzept hier in Oberlinden erfolgreich. „Wem der Einrichtungsstil gefällt, dem gefällt auch die Mode", weiß sie. Ihr Angebot entspringt dieser konsequenten Grundhaltung: hochwertige Kleidung der Marken Schumacher, 7 for all mankind, FTC Cashmere, Duvetica und Robert Friedman. Wohnzubehör, zum Beispiel von Blanc d´Ivoire, Lambert und Flamant, sowie ausgesuchte Geschenkartikel ziehen die Passanten ebenso magisch an wie die Stammkundschaft.
Freies Unternehmertum ist für Jasmin Effinger ein Lebenselixier: Schon mit 23 Jahren hat sie sich nach dem Beispiel ihrer familiären Umgebung selbstständig gemacht. Intensiv beschäftigt sie sich mit der Beziehung des Menschen zu sich selbst und seiner Umgebung. „Lebensqualität hat etwas mit Wertigkeit zu tun", weiß sie. Wer sich selbst gut behandele, der sei zufriedener mit sich und anderen. Doch Schönheit alleine reicht nicht aus, um in Jasmin Effingers Geschäft eine Hauptrolle zu spielen. Von großer Wichtigkeit sind auch Langlebigkeit und Qualität der Artikel, die das Leben lebenswerter machen. Und eine ebenso profunde wie empathische Beratung. In allen Bereichen punktet Jasmin Effinger mit Professionalität und Freundlichkeit. Eine gelungene Kombination, die ihr und ihren Nachbarn in der Altstadt kürzlich das große Lob einer Touristin einbrachte: „Es gibt so viele nette Läden hier, die Inhaber geben sich so intensiv hinein – da geht einem richtig das Herz auf!"

Schöner. feinste Wäsche in Freiburg

Schöner.
feinste Wäsche in Freiburg
Luzia Kern-Schöner

Münsterplatz 8
79098 Freiburg

Telefon 07 61 / 2 92 70 11
www.schoener.me

Hier ist der Name Programm! Schöner. feinste Wäsche in Freiburg heißt das Ladengeschäft für Dessous, Nachtwäsche und Bademode in exponierter Lage: am zentralen Freiburger Münsterplatz mit bestem Blick auf den Münsterturm und das pralle Marktgeschehen. Auf historischem Kopfsteinpflaster ist die Welt rundum in Ordnung.

Das, was der Haut am nächsten kommt, sollte nur von bester Qualität sein. Für Luzia Kern-Schöner ist das kein Wunsch, sondern Realität: Nur feinste Ware europäischer Markenhersteller gibt es in ihrem 100 Quadratmeter großen Fachgeschäft. Keinerlei Chance für Ramsch & Co., stattdessen eine große Auswahl unter strengen Kriterien. „Ich lege größten Wert auf Passform und Qualität", sagt die Inhaberin. Exklusive Mode der Hersteller La Perla, Andres Sarda, Paladini, Eres, Cotton Club, Missoni Mare, Zimmerli und Novila bilden einen Großteil des Kernsortiments. Die Bademoden stammen ausschließlich von Herstellern, die ihr Handwerk von der Pike auf gelernt haben und Wert auf perfekte Verarbeitung und hervorragende Passformen legen.

Dass es keine willkürliche Trennung mehr zwischen Tag- und Traumwäsche gibt, das kommt der Liebhaberin der guten Form sehr entgegen: „Viele Modelle sind durchaus tageslichttauglich", lacht Luzia Kern-Schöner. Auch Bademode wird zunehmend mit passenden Accessoires wie Kleidern, Shirts und Pareos kombiniert. Ein Trend, der schön und tragbar ist. Mindestens zweimal jährlich besucht Luzia Kern-Schöner internationale Messen. In Paris, Düsseldorf und München informiert sie sich über die neuesten Trends, um diese dann mit ihren beiden Mitarbeiterinnen an die Frau jeden Alters zu bringen. Auch eine Auswahl an Herren-Unterwäsche und -Nachtwäsche sowie -Bademode führt das Fachgeschäft – denn immer noch kaufen viele Frauen für den Liebsten mit ein. Am Münsterplatz residiert Schöner seit 2003. Zuvor war die Inhaberin bereits viele Jahre in der einige Kilometer nördlich gelegenen Kreisstadt Emmendingen mit einem Wäschegeschäft

erfolgreich. Viele ihrer Kundinnen sind ihr in die Schwarzwaldmetropole nach Freiburg gefolgt und verbinden ihren Besuch bei der vertrauten Fachhändlerin eben mit einem Freiburg-Bummel. Luzia Kern-Schöner ist sehr glücklich mit ihrer Entscheidung: „Wenn ich morgens den Laden aufschließe, geht mir das Herz auf", bestätigt sie den Genuss, den ihr „das Leben auf der Piazza" bereitet. Etwas sehr Geborgenes gehe von ihrer Umgebung aus, viel entspannte Fröhlichkeit auch. Diese Stimmung überträgt sich auf ihre Kundinnen: Nicht selten kommt es vor, dass Schöner zu einem Treffpunkt von zuvor nicht miteinander bekannten Frauen wird, die sich gegenseitig beraten, gemeinsam einen Prosecco trinken und miteinander das Geschäft verlassen. Luzia Kern-Schöner genießt diese Momente besonders – beweisen sie doch, wie ihr gutes Gespür für Mode einmal mehr den Geschmack der Kundinnen getroffen hat, die weite Wege in Kauf nehmen, um sich bei Schöner mit schönster Mode, nicht nur für „drunter", zu verwöhnen.

Pause am Seepark

Rückgabe
Eis
GANTER
Coca-Cola
½ Huhn 3,50
Pommes 2,90

ETCETERA

ETCETERA
Maureen Winterhager

Grünwälderstraße 19
79098 Freiburg

Telefon 07 61 / 3 83 99 23
www.etceterantik.com

In jeder Frau schlummert eine Diva. Davon ist Maureen Winterhager zutiefst überzeugt. Seit 30 Jahren führt sie den Laden ETCETERA und hat ihn im Laufe der Zeit immer wieder verändert – sowohl im Sortiment als auch im Standort. Seit Ende 2010 befindet sich das Spezialgeschäft für zeitgenössischen und Vintage-Modeschmuck sowie Hüte in der Grünwälderstraße 19, mitten in der Innenstadt.

Aufgewachsen ist Maureen Winterhager in einem australischen Elternhaus „voller schöner Dinge". Eine Prägung, die die Wahl-Freiburgerin vor 30 Jahren zu einer selbstständigen Existenz führte. Neben ihrem damaligen Lehrerberuf machte sie aus ihrer Liebhaberei ein Geschäft. Der Handel mit Antiquitäten war geboren, der Name lag nahe: ETCETERA ANTIK. Dass das Antike mittlerweile keine Rolle mehr spielt (daher fiel auch das „Antik" im Namen weg), hat Maureen Winterhager einer Entdeckung zu verdanken. „Vor 25 Jahren landete Strassschmuck aus Gablonz auf meiner Theke", erzählt die lebhafte Selfmade-Unternehmerin. Die Begeisterung über diese funkelnden Schönheiten teilten jedoch viele ihrer Kundinnen nicht. Die Frage, „Ist das Karnevals- oder Urlaubs-

schmuck?", war durchaus ernst gemeint und bewies, wie eng Schmuck im Deutschland des ausgehenden 20. Jahrhunderts noch mit Begriffen wie „echt" oder „unecht" bewertet wurde. Die Auffassung, dass schöner Schmuck keinesfalls nur aus wertvollen Rohstoffen und damit teuer sein müsse, fand hierzulande nur zögerlich Zustimmung. Erst die weltweite Renaissance des bereits seit 120 Jahren hergestellten Swarovski-Strass' machte den „Modeschmuck" langsam hoffähig. Aus den USA, wo Schmuck nie den Status seiner Trägerin definierte, brachte Maureen Winterhager Vintage-Modeschmuck in so faszinierender Vielfalt mit, dass die Zahl der Anhängerinnen stetig wuchs. Neue Impulse folgten: Ausstellungen zur Geschichte des Modeschmucks, Modenschauen und die individuelle Beratung ließen bei den Kundinnen das Zutrauen in sich selbst und den eigenen Stil wachsen. Als Maureen Winterhager „auf den Hut kam", waren die Vintage-Modelle à la Audrey Hepburn und Grace Kelly, die sie auch aus den USA mitbrachte, noch als Dekoration gedacht. Doch regelmäßig konnte sie diese Stücke so schnell verkaufen, dass das Sortiment von ETCETERA bald um Hüte erweitert wurde.

Wegen der weltweit zunehmenden Sammelwut schossen die Preise des Vintage-Schmucks in die Höhe. Zeit für eine neue Ära: Auf Messen in Paris und Frankfurt suchte Maureen Winterhager zeitgenössischen Modeschmuck und ergänzte ihr Sortiment mit Avantgarde-Designs aus der ganzen Welt. Auch moderne Hutkreationen waren im Gepäck, denn schon längst hatte sie ja festgestellt, dass Freiburgerinnen durchaus „Lust auf Hut" haben – nur müssen Hüte in Freiburg vor allem praktisch sein. Maureen Winterhager hat das richtige Händchen und ihren eigenen „Freiburg-Style" gefunden – große Formen, kleine Formen, mit Schleier, Federn, Pailletten, Strass: In ihrem Geschäft findet sich tragbare Hutmode für alle Jahreszeiten und Anlässe. Auch wenn große Ereignisse bevorstehen, liegt man bei ETCETERA richtig: Maureen Winterhager „behütet" nicht nur Bräute, sondern besorgt auch – wenn's gefragt ist – sechs gleiche Modelle für die Brautjungfern. Ihre Hutmodelle, beispielsweise von Grevi, Marzi, Autruche sowie ihren zeitgenössischen Modeschmuck von Tzuri Gueta, Janete Zamboni, Angela Caputi und Langani findet sie vorwiegend auf Messen, aber auch mal per Zufall dort, wo sie es nicht vermutet. Hauptsache, es macht Spaß. Und der ist bei der temperamentvollen Australierin garantiert: „Ich bin mit Leib und Seele dabei", versichert sie lachend.

SeePerlen

SeePerlen
Claudia Kennel

Salzstraße 25
79098 Freiburg

Telefon 07 61 / 2 02 38 25
www.seeperlen.de

Ein wahrlich glänzender Laden! Die SeePerlen sind mitten im Freiburger Leben zu Hause: Das lichte weite Geschäft in unmittelbarer Nähe des Augustinermuseums lädt bummelnde Passanten und gezielt Suchende gleichermaßen ein, innezuhalten und sich mit der Vielfalt ausgesucht schöner Perlen zu beschäftigen. So manche Schmuckidee fand hier schon eine märchenhafte Umsetzung.

Glas, Porzellan, Keramik, Horn, Bone, Muscheln, Holz, Papier, Kräuter, Samen, Harze, Lava, Resin, Metalle, Halbedelsteine aus der ganzen Welt. Perlen sind nicht nur Süßwasserperlen – doch auch die gibt es hier. Ganz besonders jedoch: schillernde Glasperlen in allen Formen und Farben und Künstler-Glasperlen, die von internationalen Künstlern nach individuellen Geheimrezepten über offener Flamme handgewickelt werden. So entstehen Kunstwerke, die in Deutschland sonst nirgends zu finden sind.

Claudia Kennel ist nicht mit der Idee auf die Welt gekommen, sich mit Perlen zu beschäftigen. „Eher zufällig, dafür jetzt umso leidenschaftlicher" – eine ebenso schlichte wie passende Antwort auf die Frage nach dem „Warum". Wie so oft spielte das Leben ihr in die Hände und wies einen neuen Weg: Als Heilpflanzenexpertin begann sie sich nach Perlen für duftendes, heilendes Räucherwerk umzusehen. Daraus entwickelte sich die eigene Manufaktur in aufwendiger Technik und schließlich der erste SeePerlen-Laden in Konstanz. Der

Name verweist auf die Ursprünge am Bodensee, lässt sich aber jederzeit auf andere Orte übertragen: In Freiburg fließt vor den SeePerlen eines der berühmten Bächle, in Hannover ist der Maschsee nicht weit …

Bei den SeePerlen kann man sich Träume erfüllen, kann selbst kreativ tätig werden und schmucke Stücke für sich selbst und als Geschenk für die Liebsten entwerfen. Dabei wird man nicht allein gelassen. Der große Tisch und die Bänke davor im Zentrum der SeePerlen sagen deutlich: Schau' dich um, setz' dich hin, probier's aus. Wer nicht weiter weiß, kann Alexandra Furgol fragen. Die bewährte Mitarbeiterin steht mit Rat und Tat zur Seite, kennt sich aus in den Tausenden von Perlen, die hier wohlgeordnet auf ihre Entdeckung warten, und hat den goldenen Blick fürs Detail. Ein reger Austausch ist die Folge – und ein Erfolgserlebnis: „Die strahlenden Augen der Kunden sind eine große Belohnung für unsere Arbeit", bekräftigt Claudia Kennel, die sich als Wunscherspürerin und -erfüllerin begreift.

Nicht nur ausgewählte Perlen gibt es bei den SeePerlen: Neben äußerst seltenen Spezialitäten kann man sich den klassischen Grundbedarf zur Herstellung von Schmuck, Accessoires und individuellen kleinen Kunstwerken hier besorgen. Und auch „fertige" Schmuckstücke gibt es – allesamt Unikate zum fairen Preis. Wer tiefer einsteigen möchte, kann sich in die Geheimnisse der Schmucktechniken einführen lassen: Regelmäßige Werkstatt-Treffs vermitteln Grundkenntnisse und Spezialwissen für Laien und Fortgeschrittene. Die glänzenden Perlen locken alle: „Von der Schülerin bis zur Seniorin" reicht die Palette der Perlenfanatiker. Und die sind keineswegs ausschließlich weiblich.

Tonny Pamudja – Lebensstil & Mode

Tonny Pamudja
Lebensstil & Mode
Tonny Pamudja

Gerberau 19
79098 Freiburg

Telefon 07 61 / 2 92 72 23
www.tonnypamudja.de

Hauptstraße 31
79219 Staufen

Telefon 0 76 33 / 93 30 93

Hochbetrieb in Tonny Pamudjas Modegeschäft an der idyllischsten Stelle der Altstadtstraße Gerberau, wo ein steinernes Krokodil seinen Kopf erwartungsfroh aus dem Gewerbebach hebt. Die Passanten genießen ihren Bummel, freuen sich an der angenehm-entspannten Atmosphäre im Sonnenschein und an der neuesten Mode.

Tonny Pamudja – der Name ist Marke und der Untertitel Programm: Lebensstil und Mode. Eine perfekte Beschreibung für den Lebensinhalt des in Indonesien geborenen Tausendsassas, der seine Leidenschaft für Mode, seine Liebe zu hochwertigen Materialien in bester Verarbeitung nicht verbergen kann. Mit 17 Jahren kam er nach Deutschland, studierte Architektur – und war enttäuscht von den Menschenkäfigen, die er planen sollte. So besann er sich auf die Mode. Von der Architektur zur Mode – das ist nur scheinbar ein anderes Metier, denn eigentlich sollte es in beiden Disziplinen um die Verbindung von Form, Funktion und Schönheit gehen. Mode aus einem Guss, mit klaren Linien und aus fließenden Materialien, edel und fein und noch dazu im Alltag tragbar – die ideale Kombination für Traummodelle. Seit es Tonny Pamudja gibt – zweimal gar: außer in Freiburg auch in Staufen, einige Kilometer weiter südlich – haben Frauen mit Stil

und Geschmack viel zu lachen: „Auf diesem Kleid steht mein Name", strahlt die Kundin, die sich gerade vor dem Spiegel dreht. Wie angegossen sitzt das gute Stück. Kein Wunder: „Wir widmen unsere Zeit vor allem der intensiven individuellen Beratung", sagt Inhaber Tonny Pamudja, der es sich mit seinem hochmotivierten kompetenten Team zur Aufgabe gemacht hat, für jede Kundin das Passende zu finden.

Seine Freiburger Boutique hat Tonny Pamudja nach über 20 Jahren in der südbadischen Modebranche im Jahr 2005 eröffnet, 2007 kam das Geschäft in Staufen hinzu, seit 2010 ergänzt die Kollektion aus dem eigenen Schneideratelier das Angebot. Tonny Pamudja und seine Frau Andrea nehmen sich viel Zeit für die Auswahl der über 3 000 Teile der ausschließlich deutschen Modedesigner in den Größen 36 bis 54. Auf internationalen Messen suchen und finden sie ihre hochwertigen Kollektionen, die in selbst entworfener Einrichtung farblich sortiert präsentiert werden.

Bekannte Namen sind Rundholz, Elemente Clemente, Hannes Roether, Cut Loose, Oska, Minx, Vetono, Senas, Marlies Mithöfer, Georg Maier und Consequent. Darüber hinaus bietet die Marke Tonny Pamudja eine hauseigene Kollektion. Edle Accessoires – Schals, Tücher, Taschen, Gürtel – von Voi, Bellissima und Funbag machen das Outfit komplett. Kleidung ist so viel mehr als eine wärmende oder kühlende Hülle. Kleidung, das begreift man hier, ist Ausdruck der Persönlichkeit. Über 2 000 Stammkunden wissen das Motto der Familie – der Sohn ist in Ausbildung zum Einzelhandelskaufmann – zu schätzen: „Gut alleine reicht nicht – wir wollen die Besten sein!"

Garçonne

Garçonne
Claudia Löslein

Gerberau 7b
79098 Freiburg

Telefon 07 61 / 2 23 99
www.garconne.de

Ein paar Treppenstufen machen den Unterschied: Das kleine Ladengeschäft in Freiburgs Altstadt lockt schon von Weitem mit seiner besonderen Ausstrahlung. Wer die Ladentür öffnet, findet sich in einer anderen Welt wieder. Garçonne ist ein Paradies für schöne Stoffe und alles, was dazugehört. Für Inhaberin Claudia Löslein steht fest: „Das ist mein Lebenselixier."

Als Claudia Löslein vor 15 Jahren ihren Laden eine Straße weiter eröffnete, da war sie sich zwar schon lange sicher, dass sie den richtigen Schritt tat. Aber ob andere das auch so sehen würden? Sie taten's, stürmten den Laden der ebenso leidenschaftlichen wie experimentierfreudigen Schneiderin, ließen sich betören von Materialien, Farben und Schnitten. Nach langen Sturm-und-Drang-Jahren war Claudia Löslein angekommen. „Schon immer" habe sie gestrickt, genäht, mit den Händen gearbeitet, sagt die umtriebige Unternehmerin. Auch wenn ihr die Berufsidee „schon mitgegeben" war, wie sie sagt, musste sie einige Umwege in Kauf nehmen. Umwege, wie sie für eine kreative Persönlichkeit fast schon symptomatisch sind: Wenig Handarbeiten gab's in der Schule, aber die Oma war Schneiderin und Klein-Claudia immer mit den Händen beschäftigt. Die Lehre in einer Schule für Weberei und Webgestaltung öffnete ihr die Augen für die Zusammenhänge textiler Künste, in einem Lederatelier lernte sie anschließend „alles, was ich brauchte".

Das nötige Wissen und die Technik für Schnitte und deren Verarbeitung eignete sie sich in Folge selbst und in Fortbildungskursen an. Und als sie sich dann doch noch zur Meisterprüfung überreden ließ, da ging alles wie von selbst: Claudia Löslein bestand die Prüfung mit Bravour und fand sich gar als Preisträgerin wieder.
Walkloden, bestickte Seide, Leinen, Jersey – eine große Anzahl wunderschöner Stoffe lässt die Kundinnen sehnsüchtig seufzen. Die passenden Borten und Knöpfe setzen schillernde I-Tüpfelchen auf eigene Kreationen oder Garçonne-Entwürfe – begehrte Artikel, die perfekte Passform garantieren. Wer sich nicht selbst an die Nähmaschine traut, muss nicht verzweifeln: Die Garçonne-Spezialistinnen entwerfen Kleidungsstücke im eigenen Atelier und fertigen sie nach individuellem Maß an. Und wer Lust aufs eigene Tun bekommt, ist mit den Nähkursen gut bedient. Nachmittags, abends und am Wochenende werden Anfängerinnen und Fortgeschrittene mit Stoffen, Schnitten, Zubehör vertraut gemacht. Dem Einkauf der Stoffe widmet sich die Chefin mit ebenso großer Leidenschaft wie der Verarbeitung. Ihre Kreationen verdanken ihre gute Passform nicht nur dem perfekten Schnitt, sondern auch der Zeit und Zuneigung, die die Schneiderin jedem einzelnen Stück widmet: „Meine Freude wächst in die Kleidungsstücke hinein", bestätigt sie.
Den Umzug in die zentralere Gerberau vor zehn Jahren haben Claudia Löslein und ihr Team nie bereut: „Ich muss da sein, wo die Leute sind", bestätigt die Frau mit dem goldenen Schnitt im Blick. Und der Name? Der gefällt ihr immer noch – und den Kundinnen offensichtlich auch: Für ihren Laden, ihr Team, ihre Ware muss Claudia Löslein nicht aufwendig werben. Das erledigt die Freiburger Flüsterpost …

Rappelkiste für Klein und Groß & Schuhkistle

Rappelkiste für Klein und Groß
Schuhkistle
Gabriele Waßmer-Keck

Konviktstraße 10a
79098 Freiburg

Telefon 07 61 / 2 40 39
Telefax 07 61 / 2 02 25 10

Zwei Kisten voller Mode für ganz Kleine und schon ziemlich Große: Die Rappelkiste für Klein und Groß bietet seit 13 Jahren in bester Freiburger Altstadtlage alles, was Eltern- und Kinderherzen in Sachen Kleidung höher schlagen lässt. Seit 2010 gibt es dazu auch noch ein Schuhkistle.

Gabriele Waßmer-Keck kennt sich aus im Metier: Seit 23 Jahren ist die Mutter zweier erwachsener Söhne eine ausgewiesene Spezialistin für hochwertige Kindermode. Als sie ihre Rappelkiste Ende der 1980er-Jahre in der Gemeinde Denzlingen nördlich von Freiburg eröffnete, schaffte sie es innerhalb kürzester Zeit, sich einen festen Kundenstamm zu erobern: vor allem Mütter, die sich an der hohen Qualität und dem ästhetischen Anblick erfreuten. Vor 13 Jahren sind ihr die Kunden nicht nur bereitwillig nach Freiburg gefolgt, sondern kommen mittlerweile bereits als Großeltern mit ihren Enkeln vorbei. Immer auf der Suche nach dem, was sie in der Rappelkiste für Klein und Groß garantiert finden: „Ich habe schon früher in der Rappelkiste meine Kinder eingeklei-

det und möchte meinen Enkeln nun auch diese ausgewählt schönen Kleider gönnen", ist eine typische Motivation. Der Inhaberin ist das zur beruflichen Maxime geworden: „Ich hatte das Glück, immer nur das zu verkaufen, was schön ist." Ein Credo, bei dem sowohl das richtige Gespür wie auch kaufmännisches Geschick eine Hauptrolle spielen. Ihre „rechte Hand", Simone Dietsche, hält Fachkenntnis und Geduld für die wesentlichen Erfolgsgaranten: „Jede und jeder soll unser Geschäft mit einem guten Gefühl verlassen." Das hat sich bis weit über die Grenzen des Breisgaus herumgesprochen: Viele Kunden aus dem Schwarzwald, der Schweiz und dem nördlichen Baden finden den Weg in die Konviktstraße. Auf der Suche nach dem Schönsten für die Kleinsten ist Gabriele Wassmer-Keck unermüdlich unterwegs: Internationale Messen in Amsterdam, Florenz und München gehören fünfmal pro Saison zu ihrem Programm. Hier findet sie, was in Freiburg ohne Konkurrenz ist: Mit Mode von Oilily, Kenzo, Vingino, Jottum, Replay, Guess, Catimini und Room Seven bietet Gabriele Waßmer-Keck mit ihren langjährigen Mitarbeiterinnen das ganze Spektrum aktueller Kindermode mit exklusivem Anspruch. Für den Alltag und besondere Gelegenheiten: Festliche Kinderkleidung gibt es in großer Auswahl.

Im März 2010 hat die Geschäftsfrau einem lang gehegten Wunsch der begeisterten Kundschaft entsprochen und ein weiteres Geschäft für Kinderschuhe eröffnet: Direkt um die Ecke, in der Oberlinden-Passage zwischen Konviktstraße und Münzgasse, liegt das Schuhkistle. Ein zusätzliches Standbein in einem kleinen, aber feinen Laden mit allem, was Kinderfüße vom Baby- bis zum Teenager-Alter brauchen können. Babyschuhe ab Größe 18 von Robeez, Sandalen, Halbschuhe, Sneakers, Flip-Flops, Hausschuhe und Gummistiefel bis Größe 41 von Bisgard, Mod8, Clic, Spinacchi Mafia, Hipp, Living Kitzbühel und Naturino sind hier zu finden.

Freiburger Leder Haus

Freiburger Leder Haus
Carolin Niemann

Rathausgasse 4
79098 Freiburg

Telefon 07 61 / 3 12 01
Telefax 07 61 / 2 32 73
www.freiburger-leder-haus.de

Seit 1905 ist das Freiburger Leder Haus der Inbegriff für alles, was der Mensch an hochwertigen Transportbehältnissen braucht: Direkt am Freiburger Rathausplatz gelegen, erfüllt das Fachgeschäft alle Wünsche nach klassischen und modischen Taschen für Freizeit, Business, Schule und Reise sowie Accessoires wie Geldbörsen, Schlüsselanhänger, Schals und Handschuhe.

Bereits in dritter Generation ist das inhabergeführte Familienunternehmen ein verlässlicher Partner für anspruchsvolle Kunden, die kompetente Beratung schätzen. Von Anfang an war das Freiburger Leder Haus – einst an der Friedrichstraße gegründet – die erste Adresse für beste Ware. Nach der Bombennacht 1944 wurde das Geschäft ausgelagert und fand 1949 seinen Standort im Bursengang. Aus den damals 70 Quadratmetern wurden 1988 über 250 Quadratmeter, im Jahr 2006 erfolgte ein fundamentaler Umbau, der das Geschäft zum Rathausplatz öffnete und mit einer großen Fensterfront sowie einem neuen Laden- und Beleuchtungskonzept auf sich aufmerksam macht. Über 4 000 Stammkunden vertrauen der Verlässlichkeit dieses Fachgeschäfts.
Modebewusste Individualisten auf der Suche nach allem, was die Utensilien im Alltag und bei besonderen Gelegenheiten tragbar macht, finden im Freiburger Leder Haus ebenso genau das Richtige

wie Vielreisende auf der Suche nach Reisegepäck, von der Reisetasche über Bordgepäck bis zum Hartschalenkoffer. Im Flughafendesign des Obergeschosses findet sich garantiert das Richtige in jeder Größe für den individuellen Bedarf und Geschmack. Besonders die aktuellen Trolleys aus dem innovativen Kunststoff Polycarbonat könnten interessant sein: „Es lohnt sich, in einen leichten Koffer zu investieren", bekräftigt Inhaberin Carolin Niemann.

Unaufdringliche, freundliche und kompetente Beratung begleitet den Kunden im Freiburger Leder Haus: Die 25 Mitarbeiter sind hoch motivierte Fachkräfte, die mehrmals im Jahr intensiv fortgebildet werden. „Wir möchten, dass unsere Kunden langfristig Freude an unseren Produkten haben. Daher wollen wir die Wünsche erspüren, nehmen uns Zeit für die Beratung", sagt Carolin Niemann. Auch an die Zukunft aus den eigenen Reihen ist stets gedacht: Viele langjährige Mitarbeiter wurden im Haus ausgebildet. Eine Tradition, die sich bis heute fortsetzt: Junge Menschen finden hier eine Ausbildungsstelle zum Einzelhandelskaufmann und Handelsfachwirt. „Wir haben immer, auch in schwierigen Jahren, an unserem qualifizierten Personal festgehalten. Das wirkt sich gerade jetzt bei der Renaissance des Fachhandels positiv aus", so Carolin Niemann.

Die Auswahl ist einmalig in Freiburg. Viele Marken führt das Freiburger Leder Haus exklusiv, darunter zum Beispiel Zirkeltraining, Smaak oder Lemon Fish. Die beste Auswahl von Longchamp, Bree und Rimowa wird hier alle 14 Tage auf den neuesten Stand gebracht. „Wir wollen immer das Besondere haben", betont Inhaberin Carolin Niemann, die viel auf internationalen Messen unterwegs ist und Neues für die treuen und neuen Kunden entdeckt. Die Devise „nie stehenbleiben" hat sich bewährt.

flac bags & accessoires

flac bags & accessoires
Carolin Niemann

Bertoldstraße 20
79098 Freiburg

Telefon 07 61 / 3 83 86 44
Telefax 07 61 / 3 83 86 46
www.flac-freiburg.de

Fünf Jahre vor dem 100-jährigen Jubiläum hat das traditionsreiche Freiburger Leder Haus eine Tochter bekommen: Seit 2000 finden junge, modisch orientierte Kundinnen ihre Taschen, Schuhe, Gürtel und Accessoires bei flac bags & accessoires in der Bertoldstraße. Auch hier wird größten Wert auf qualifizierte Beratung gelegt.

Beste Qualität für ein junges Publikum: geht das? Im flac keine Frage: „Selbstverständlich gilt unsere Firmenphilosophie aus dem Freiburger Leder Haus auch in der jungen Mode“, bestätigt Inhaberin Carolin Niemann. Allerdings: Das Sortiment von flac ist konsequent auf die meist jüngere Zielgruppe zugeschnitten und daher auch günstiger im Preis. „Ständig auf der Pirsch“ sei man, sagt Inhaberin Carolin Niemann, um zu finden, was passen und Spaß machen könnte. Topmodisch ist dabei ein Muss, Qualität ebenfalls, Leder nicht unbedingt. Neben Handbags und Shoewear sind Messenger Bags und Backpacks angesagt. Vaude, Converse, Canvasco und Fossil sind einige der aktuellen Marken, auch trendige Schuhe führt der junge Store inmitten der Freiburger Innenstadt.

Carolin Niemann setzt auf Fachkompetenz und Vertrauen. Kernstück bei flac ist das kompetente Team: Alle Mitarbeiterinnen sind fachlich geschult und sehen ihre Hauptaufgabe in der Beratung. Ungewöhnlich für das Zielpublikum, aber genau auf der Linie des Unternehmens – schließlich ist nicht einzusehen, warum das Alter ausschlaggebend für einen kompetenten und zuvorkommenden Service sein sollte. Wer nach etwas ganz Bestimmtem Ausschau hält oder einfach auf der Suche nach Anregung und Inspiration ist, befindet sich bei den freundlichen und engagierten Mitarbeiterinnen genau an der richtigen Stelle. Sie beraten individuell und finden mit dem Kunden zusammen das passende Produkt. Sollte das Gewünschte einmal nicht vorrätig sein, wird es bestellt und

die Kundin nach Ankunft des guten Stücks benachrichtigt. Sollte trotz aller Sorgfalt ein Umtausch- oder Reklamationsfall eintreten, so wird bei flac eine schnelle und unkomplizierte Lösung gesucht. „Wir verstehen uns als Gastgeber. Wir möchten, dass sich unsere Gäste bei uns wohlfühlen und gerne wiederkommen“, bestätigt Carolin Niemann. Selbstverständlich gibt das Team auch exklusive Pflege-Tipps, empfiehlt erprobte Mittel und hilft, wenn einmal eine kleine Reparatur ansteht. Gerne wird die neue Tasche, der trendige Gürtel oder das kleine Mitbringsel liebevoll als Geschenk verpackt. Gutscheine von flac sind ein willkommenes Präsent.

Besonders begehrt ist die persönliche club card mit flac-Keyholder. Mit dieser Karte haben die Kundinnen viele Einkaufsvorteile: Neben dem attraktiven Give-away beim ersten Einkauf erhalten sie regelmäßige fashion-club-Neuheiten und können sich ausgewählte Produkte zum Vorteilspreis aussuchen. Eine vierwöchige Umtauschmöglichkeit ist ebenso enthalten wie die Chance, einen Artikel fünf Tage lang zurücklegen zu lassen.

Boutique Paris Passion

Paris Passion
Aline Ferrié

Herrenstraße 49
79098 Freiburg

Telefon 07 61 / 3 49 40
Telefax 07 61 / 2 02 43 11
www.boutiqueparispassion.com

Wer könnte französische Mode besser an die Frau bringen als ein Pariser Model? Aline Ferrié kam vor über 20 Jahren der Liebe wegen nach Freiburg und ist geblieben. Zum Entzücken ihrer Kundschaft, die sich auf den sicheren Geschmack der vielseitigen Französin verlassen kann.

Paris Passion – der Name ist Programm: Die französische Hauptstadt ist von jeher das Mode-Mekka der westlichen Welt. In Verbindung mit Leidenschaft wird daraus der Inbegriff für Mode mit Chic und Stil in Freiburg. Mit ihrer Boutique Paris Passion hat sich Aline Ferrié in der Herrenstraße

zwischen Schwabentor und Münster ein „Paradies für den guten Geschmack" – so eine begeisterte Stammkundin – geschaffen. Dabei lässt sich Aline Ferrié nicht von Namen und Trends leiten, sondern von ihrer langjährigen Erfahrung als Model und Stylistin großer Kampagnen: „Es geht nicht um die Marke, sondern um den Menschen", davon ist sie ebenso überzeugt wie vom Primat des individuellen Lebensalltags ihrer Kundinnen. „Die Kleidung muss zum Leben passen und nicht umgekehrt." Und da das Leben so reich an unterschiedlichsten Situationen ist, findet frau bei Paris Passion von A wie Alltag bis A wie Abend immer genau das Richtige. Ob moderne Klassiker wie Jeans und Chinos, elegante oder romantische Blusen, Röcke, Hosen und Kleider oder urbane Ensembles: Die individuelle Kombination macht's. Und auch der ganz große Auftritt findet hier statt: Mode für Feste wie Konfirmation, Firmung, Abiball und Hochzeit, Abendmode vom Feinsten sowie Konzertkleidung. Stets sind das Einzelstücke, nicht von der Stange und exklusiv in Freiburg.
Wie kann Aline Ferrié so sicher sein, den Geschmack der Kundin zu treffen? Wie wählt sie aus, was gefällt? Die Antwort kommt ebenso rasch wie sicher: „mit Herz und Gefühl". Intuitiv also und mit sicherem Gespür für das, was ankommt und tragbar ist. Schon an der Körpersprache merkt die temperamentvolle Geschäftsfrau, ob sich die Kundin in ihrer neuen zweiten Haut wohlfühlt. Als

Werbe-Stylistin für Magazine und Werbekampagnen wie GAP, Nokia, Pepsi, Volkswagen, Peugeot (u. a. mit Joe Pytka und Roman Polanski als Regisseur) weiß sie: Kleidung darf niemals Verkleidung sein, sondern soll die eigene Persönlichkeit unterstützen und muss auch in der Bewegung „stimmen". Subjektiv, persönlich, individuell: Wie die Auswahl der hochwertigen Kleidung ist auch die Beratung. Der hintere Teil der Boutique lädt mit seinem Ambiente im Stil eines französischen Boudoirs zu ausgiebigen Anproben ein.
Ihrem Akzent ist die französische Freiburgerin ebenso treu geblieben wie ihrer Heimatstadt: Jede Woche reist sie nach Paris – um einzukaufen und zu modeln: Seit ihrem 50. Geburtstag arbeitet Aline Ferrié wieder als Model und ist von L'Oréal für Haarfotos gebucht worden. Eine Frage der Persönlichkeit! So setzt sie ihre Überzeugung auch persönlich um: „Für jede Frau gibt es das passende Outfit." Die Ausstrahlung zählt! Und die spricht für sich: Aline Ferriés Lieblingskompliment kommt von einem Ehemann, der seine Frau einer Affäre verdächtigte – so frisch und „anders" wirkte sie nach mehreren Besuchen bei Paris Passion …

Café Melange

Melange
Bianca Felder

Eisenbahnstraße 64
79098 Freiburg

Telefon 07 61 / 2 92 22 55

Mit ihrem Café Melange in der Achse Hauptbahnhof-Innenstadt hat Bianca Felder bereits 1997 „das italienische Gefühl" in Freiburg etabliert. Lange bevor die Latte-Macchiato-Manie in Deutschland ausbrach, gab es an diesem begehrten Ort bereits alle Spezialitäten, die ein echtes italienisches Caffè braucht. Und das von morgens sieben bis abends sechs.

Am Café Melange kommt kaum jemand vorbei, der guten italienischen Kaffee liebt, eine Kleinigkeit zu essen und die dazugehörige „Conversazione". Allerdings muss man auch drangvolle Enge mögen und das anregende Kauderwelsch, das sich hier aus allen Sprachen der Welt mischt: „Viele italienische Mitbürger locken deutsche Italienfreunde an", sagt Bianca Felder. Die Nähe zum Hauptbahnhof, zu Schulen, Büros, Geschäften der Innenstadt ist das große Kapital einer solchen Kommunikationszentrale. Dessen ist sich die Inhaberin bewusst und genießt das Flair nun schon im 14. Jahr. Von Anfang an sei das so gewesen, strahlt die gelernte Psychologin und Pädagogin, die mit dem Café Melange die Seiten gewechselt hat – von der Theorie in die Praxis der Menschenkenntnis.

„Der Italienfreund kann sich hemmungslos der Illusion hingeben, seinen Espresso in einer typisch italienischen Café-Bar zu schlürfen", lobt der Freiburger Journalist Stefan Pawellek „das schnuckeligste Café Nord-Italiens". Da dürften ihm die Stammgäste zustimmen: Wer einmal im Melange war, der kommt immer wieder, macht Station nahe der Bahnstation – und staunt über das gute Gedächtnis der vier Mitarbeiter. Egal, ob der einfache

Espresso, Cappuccino, Latte macchiato oder die Sonderwünsche à la „doppelter Espresso mit einem Esslöffel Milchschaum und einem Amaretto im Extra-Glas" – hier bekommt jeder, was er möchte, ohne Wenn und Aber. Noch dazu prompt und ohne Mätzchen. Ein Glas Wasser zur Hausmischung (einer typisch italienischen Röstung mit starkem Geschmack, aber weniger Bitterstoffen, Koffein und Säuregehalt) ist selbstverständlich und muss nicht nervenraubend bestellt werden. Dazu wäre auch gar keine Zeit: Der Laden läuft auf Hochtouren.

Dazu gibt es, nach Gusto, die typischen italienischen Spezialitäten wie Cornetto und Brioche oder Panini mit italienischer Salami oder Mortadella, Coppa, Schinken oder Mozzarella und Erfrischungsgetränke von Bitterino über Crodino, Orangina, Chinotto und Limonata. Ergänzt werden die flüssigen Genüsse durch Campari Orange, Prosecco, Grappa, Ramazzotti und Fernet Branca. Im Sommer werden saisonale Getränke wie Caffè freddo, Caffè sul giaco und Caffè alla vaniglia an Stehtischen vor der Café-Bar unter Sonnenschirmen geschlürft. Das zieht auch die Prominenz an …

Alles nah, alles da – Regionalität ist Trumpf

„Freiburg hat, was alle suchen." Nicht umsonst warb die Stadt jahrelang mit diesem Slogan. Freiburg gilt als Muster für die umweltfreundliche Verbindung von Stadt und Natur, von Nähe und Internationalität in überschaubaren Entfernungen. In geradezu idealer Weise verbinden sich in der Breisgauer Bucht Einflüsse aus der vorderösterreichischen Geschichte mit mittelalterlichem Flair und moderner Regionalität. Zahlreiche Märkte – allen voran der tägliche Markt rund ums Freiburger Münster mit frischester Ware von Bauern und Händlern, ergänzt durch lokale Spezialitäten – gilt es zu entdecken und erschmecken: Neben der berühmten „langen Roten mit Zwiebeln", von diversen Wurstbratereien auf dem Grill zubereitet und direkt am Münster genossen, bis zu den vor Fülle überquellenden Marktständen mit Obst, Gemüse, Fleisch, Wurst, Käse, Saft, neuem Wein und Eiern von glücklichen Hühnern haben sich auch die Protagonisten mediterraner Genüsse von Oliven bis Trockenfrüchten ihren Platz erobert. Neben dem Münstermarkt sind die Stadtteilmärkte

im Gründerzeitviertel Wiehre und im Quartier Stühlinger besonders beliebt. Beide glänzen mit speziellen Gourmet-Angeboten und werden mehrmals jährlich ergänzt durch große Flohmärkte. Doch auch die bislang in den gängigen Stadtführern nicht erwähnten Wochenmärkte in Landwasser, Rieselfeld, Herdern, Zähringen, Günterstal und Vauban lohnen den Besuch: Wer wissen will, wie eine Stadt „tickt", muss sie von ihren Bewohnern her erkunden. Wie überall auf der Welt dienen diese Märkte nicht nur der Versorgung, sondern auch dem kommunikativen Austausch der Quartiersbewohner und ihrer Gäste.

Direkt aus der Stadt ins Grüne – das ist in Freiburg selbstverständlich. Nur ein paar Schritte und man ist „draußen". Der Schwarzwald mit seinen vielfältigen Angeboten, wie Wandern, Mountainbiken, Skisport und Wellness ist nah. Ob Urlaub auf dem Bauernhof, gemütliche Familienpension oder mehrfach besterntes Hotel: Hier findet jeder Gast, ob einzeln, als Paar, Familie oder im Freundeskreis unterwegs, auf jeden Fall genau das Passende.
Der Kaiserstuhl lockt mit Natur- und Gourmeterlebnissen der besonderen Art: Die einzigartige Landschaft vulkanischen Ursprungs ist bekannt für ihre spezifische Flora und Fauna von Anemone bis

Orchidee, die Rebterrassen bieten beste Voraussetzungen für hochdekorierte Weine, die in den Winzergenossenschaften und Weingütern verkostet werden können. Von Anfang Mai bis Ende Oktober feiern die Südbadener ihre Produkte mit unzähligen (Wein-)Festen und Dorfhocks. Die ausgedehnten Weinberge im Markgräflerland, südlich von Freiburg, und im Breisgau, nördlich der Stadt, sind neben Tuniberg und Kaiserstuhl beliebte Ziele für Genussmenschen. Wenn das Licht im Herbst weicher wird, die Morgen wie frisch gewaschen duften und die Strahlen der südwestlichen Sonne die Frühabende vergolden, lohnt sich ein Besuch ganz besonders. Neuer Wein, duftender Zwiebelkuchen und frische Walnüsse künden von den Freuden des einfachen Lebens in seinem ganzen Reichtum. Freunde heißer Quellen kommen im Eugen-Keidel-Thermalbad im Freiburger Mooswald ebenso auf ihre Kosten wie in der „Vita Classica" im Kurort Bad Krozingen und in den Thermen der alten Römersiedlung Badenweiler.

Gehobene Gastronomie, gutbürgerliche Lokale mit badischen Spezialitäten und „Fast Food vom Feinsten" – wie ein Reisemagazin titelte – gibt es in und um Freiburg zuhauf. Fast könnte einem schwindlig werden vom großen Angebot an guten und besten Adressen. Noch dazu in einer Qualität, von der andere Landstriche nur träumen können. Das Etikett „von hier" gilt als Markenzeichen für ökologische und ökonomische Bestleistungen.

Die Qual der Wahl ist nur auf den ersten Blick ein Martyrium: Nirgends dürfte es so leicht sein, das Verwöhnaroma einer Landschaft unmittelbar auf der Zunge zu spüren. Von den göttlichen Leberle im Lehener „Hirschen" bis zum „Colombi"-Menü, von den Kartoffel-Spezialitäten zu studentenfreundlichen Preisen im „Schlappen" bis zur Meeresfrüchte-Platte im „Panorama-Hotel" hoch über der Stadt: Man setzt sich in Vorfreude an den Tisch und verlässt das Lokal zufrieden lächelnd.

Wer so intensiv genießen darf, dem ist seine unmittelbare Umwelt nicht egal. Kein Zufall also, dass zukunftsträchtige Modelle im Breisgau an der Tagesordnung sind: Die „Regionalwert AG" des Kaiserstühler Landwirts Christian Hiss unterstützt innovative, nachhaltige Projekte der regionalen Wertschöpfung. „Energie in Bürgerhand" setzt auf lokale und bürgernahe Energieversorgung. Die „Solarstrom AG" verhilft zur optimalen Nutzung der über Baden lachenden Sonne. Stolz ist man in

Wochenmarkt auf dem Münsterplatz

Freiburg auf die Klimaschutzbilanz, auf deren Ziel – 40 Prozent weniger CO_2 bis 2030 – man konsequent und erfolgreich hinsteuert: Zwischen 1992 und 2009 gingen die Emissionen klimarelevanter Gase in Freiburg um über 18 Prozent zurück. Pro Kopf sind es gar 25,6 Prozent. Eine großartige Leistung, an der die Stadtverwaltung mit vielen kleinen Einsparschritten vorbildhaft beteiligt ist: Mit Wärmedämmung, Blockheizkraft, Solarenergie und Sparsamkeit bei ihren Gebäuden hat sie den CO_2-Ausstoß bereits um 40 Prozent senken können. Die langfristige Umstellung auf zunehmend fleischlose Ernährung gehört dazu: In dem Maße, wie das Bewusstsein der Bevölkerung für gesunde regionale Ernährung wächst, achte man in städtischen Küchen vermehrt auf einen ausgewogenen Speiseplan mit viel Platz für bewusste Lebensführung, teilte das offizielle „Amtsblatt“ der Stadt im Juni 2011 mit. Auch wenn so viel Enthusiasmus in Sachen Selbstbeschränkung teilweise auf Skepsis stößt: „Nachhaltigkeit als Lebenskunst“ ist im Breisgau mehr als der Titel einer Veranstaltungsreihe. Lifestyle ist hier immer auch ein Stück weit Pionierarbeit. Und Pioniere müssen mit verzögertem Beifall rechnen …

Mundenhof

Mundenhof Tier-Natur-Erlebnispark

Mundenhof 37
79111 Freiburg

Telefon 07 61 / 2 01-65 80
07 61 / 2 01-65 93 (KonTiKi)
Telefax 07 61 / 2 01-65 81
www.freiburg.de/mundenhof

Die Geschichte des Tier-Natur-Erlebnisparks Mundenhof vor den Toren der Stadt ist eine ebenso lange wie wechselhafte: Vom landwirtschaftlichen Gut zum Tier-Natur-Erlebnispark unter städtischer Ägide hat sich das Gelände stets nutzerorientiert und doch organisch weiterentwickelt. Heute ist der Mundenhof Ideenfeld, Erlebniswelt und Tierreich in einem. Jährlich über 250 000 große und kleine Besucher des frei zugänglichen Geländes danken es der Stadt Freiburg mit wachsender Begeisterung.

Als „Perle Freiburgs“ bezeichnet Freiburgs Umweltbürgermeisterin Gerda Stuchlik das 38 Hektar große Gelände, das eingebettet zwischen Naturschutzgebiet Rieselfeld und Waldgebiet Frohnholz am Westrand der Stadt liegt. 1968 wurde das im Jahr 864 erstmals urkundlich erwähnte landwirtschaftliche Gut vom damaligen Oberbürgermeister Eugen Keidel zum Naherholungsgebiet erkoren. Was mit dem von Keidel gestifteten Esel Moritz begann, hat sich nach Jahren eher zufälliger Tierhaltung zu einer Weltreise in Sachen Tierwelt entwickelt: Vom Eingang an der Mundenhofer Straße gelangt man auf verschiedenen Wegen durch mehrere „Erdteile“, begegnet über 300 Tieren, kann sich in begehbaren Gehegen mit ihnen vertraut machen und zwischendurch auf Spielplätzen und an Aussichtspunkten verweilen. Die „Exotische Mitte“ bietet neben der Mundenhof-Gastronomie einen Picknick- und Spielplatz, hier trifft man sich zum Fütterungsrundgang und kann einen Ausflug zum Vogelhaus und Aquarium unternehmen. Der verpachtete landwirtschaftliche Betrieb fügt sich auf rund 150 Hektar harmonisch ins Gesamtensemble ein und sorgt für eine funktionierende Kreislaufwirtschaft.

„Bei uns kann man die Seele baumeln lassen oder auf Entdeckungstour gehen“, verspricht Susanne Eckert, die zusammen mit Brigitte Grether den Mundenhof leitet. Mit großer Leidenschaft widmen sich die Mitarbeiterinnen und Mitarbeiter dem unmittelbaren, unvorhersehbaren und darum so spannenden Leben mit Tieren in der Natur. Als Paradies und intuitiver Lernort für Kinder gilt seit 1990 das Naturpädagogik-Projekt KonTiKi (Abkürzung für Kontakt Tier-Kind) mit seinen zahlreichen Freiräumen im direkten Umgang mit Haus- und Nutztieren. Besondere Höhepunkte sind die Jahreszeitenfeste wie Sonnwendfeuer und Kürbisfest, in die Besucher aktiv eingebunden werden, und Feste mit multikulturellem Ansatz, wie Afrikafest und mongolisches Fest. Wohl einzigartig ist das alle zwei Jahre stattfindende Krippenspiel mit 150 mitspielenden Personen und – viel spektakulärer – 80 Tieren: von Hühnern, die auf dem orientalischen Basar feilgeboten werden, bis zu den Kamelen, die die Heiligen Drei Könige zur Krippe führen. Viele Projekte wurden in den letzten Jahren umgesetzt, der Mundenhof lässt Platz für weitere Träume. Vorstellbar ist vieles, machbar sicher einiges. Die Anpassung der Flora an die Fauna könnte Besucher auch mit der Pflanzenwelt am Herkunftsort der jeweiligen Tiere vertraut machen.

Flugschule Dynamic Spirit

Dynamic Spirit
Flugschule
Jan Harlfinger

Am Flughafen 8
79108 Freiburg

Telefon 07 61 / 5 03 62 70
Mobil 01 71 / 1 76 35 01
www.dynamicspirit.de

Jan Harlfinger ist durch Passion zu seiner Profession gekommen: Seit fast zehn Jahren ist der Diplom-Physiker fasziniert vom Fliegen. Diese Begeisterung hat ihn vor einigen Jahren zum Tragschrauber gebracht, einer Mischung aus Flugzeug und Hubschrauber. Seit 2009 betreibt Harlfinger die Flugschule Dynamic Spirit auf dem Freiburger Flughafen.

Freiburg ist für den Ausbildungsleiter Harlfinger ein „idealer Standort" – schließlich gibt es hier die meisten Sonnentage in ganz Deutschland, der Flughafen ist zentrumsnah und die Menschen lieben ihre Heimat. Beste Bedingungen, um durchzustarten zu einem Rundflug über Freiburg, die Breisgauer Bucht, den Schwarzwald, bis zum Bodensee gar.
Näher dran am Element Luft kann man kaum sein: „Unter und neben einem ist nur Freiheit", schwärmt Jan Harlfinger von der offenen Version des Tragschraubers. Selbstverständlich weiß er, dass diese ganz große Offenheit nicht jeden lockt – und so gibt es auch eine geschlossene Variante dieses großartigen Leichtgewichts. Der Tragschrauber hat bereits eine knapp 90-jährige Tradition – er wurde 1923 erfunden –, doch erst seit 2003 sind

die Ultraleicht-Flugzeuge, die in ihrer Funktionsweise einem Hubschrauber ähneln, jedoch nicht durch ein Triebwerk, sondern den Fahrtwind in Bewegung gesetzt werden, in Deutschland zugelassen. In USA, Frankreich und Spanien gehören diese zweisitzigen Luftikusse mit einem Gesamtgewicht von 450 Kilogramm zum alltäglichen Himmelsbild. Sehr sicher sind die aerodynamisch angetriebenen Tragschrauber und ihre Beherrschung ist deutlich leichter zu erlernen als die eines Hubschraubers oder Flugzeugs.

Wer sich als Flieger ausbilden lassen möchte, hat mit dem Tragschrauber das ideale Fluggerät gefunden: 30 Praxisstunden sind als Minimum vom Gesetzgeber vorgeschrieben, hinzu kommen 60 Unterrichtseinheiten in sechs Fächern: Luftrecht, Meteorologie, Technik, Flugfunk, Verhalten in besonderen Fällen, Navigation. Voraussetzung für die Ausbildung ist lediglich das „Fliegerärztliche Tauglichkeitszeugnis Klasse 2". Dieses setzt einen guten Kreislauf voraus. Lediglich Kandidaten mit Epilepsie oder Herz-Kreislauf-Erkrankungen sind von der Ausbildung ausgeschlossen. Neun Monate dauert die Ausbildung durchschnittlich, wenn man sie als Hobby betreibt. Natürlich gibt es auch echte Überflieger: Die schaffen das volle Programm in drei Monaten – wenn sie sich exklusiv damit beschäftigen. Auch deutlich preiswerter als im konventionellen Flugbetrieb ist eine Ausbildung bei Dynamic Spirit: Mit 168,50 Euro pro Stunde im offenen Tragschrauber und 178 Euro

in der geschlossenen Variante ist man dabei. Summa summarum kostet der Flugschein je nach Talent 8 000 bis 10 000 Euro. Das ist gegenüber den circa 60 000 Euro für eine Hubschrauber-Ausbildung geradezu lächerlich wenig.
Drei Fluglehrer kümmern sich um die gelehrigen Schüler. Diese kommen aus einem Umkreis von 250 Kilometern, aus Baden, Frankreich und der Schweiz. Sie sind 20 bis 75 Jahre alt, sind Studenten, Handwerker, Angestellte, Akademiker, Rentner. Die Eins-zu-Eins-Betreuung ist ein Erfolgsmodell – durchgefallen ist bislang noch niemand.
Die Motive, einen Tragschrauber-Flugschein zu erwerben sind so unterschiedlich wie die Menschen: Viele erfüllen sich ihren Traum vom Fliegen, manche möchten die Leichtfliegerei zu ihrem Beruf machen, andere erhoffen sich weitere Einsatzmöglichkeiten. Diese sind gerade angekommen: Es mehren sich die Flieger, die nicht nur „just for fun" mit dem Tragschrauber unterwegs sein wollen. Die Überprüfung von Energie- und Stromleitungen ist mit der wendigen Hummel einfach und preiswert zu bewerkstelligen, Luftaufnahmen gelingen außerordentlich gut. Auch der Zustand des Waldes lässt sich von hier aus perfekt überprüfen. Die Flughöhe beträgt 300 bis 500 Meter über Grund, die Fluggeschwindigkeit zwischen 40 und 180 Kilometer pro Stunde. Dreieinhalb bis vier Stunden kann ein Tragschrauber ununterbrochen zurücklegen – je nach Windrichtung.
Doch nicht nur die Selberflieger kommen bei Dynamic Spirit zu ihrem Recht. Auch die Rundflügler sind gefragt – selbst die mit Flugangst: „Das Gerät fliegt sehr ruhig, es wackelt nicht, man kann sich entspannen", bestätigt Jan Harlfinger. Eine Schleife rund um Freiburg gibt es für 68 Euro (15 Minuten), ein Kaiserstuhl-Rundflug dauert 30 Minuten und kostet 98 Euro, ein Rundflug über die Höhen, Täler und Seen des Schwarzwalds ist in einer Stunde für 180 Euro zu haben. Ein ganz besonderes Erlebnis, das man nie vergisst. Harlfingers Beobachtung, dass die Leute mit einem Lachen im Gesicht dasitzen, lässt Vorfreude aufkommen ...
Wen das Flugfieber so richtig gepackt hat, der erlebt die Bewegung in einer weiteren Dimension – der Höhe –, befreit sich von seiner Alltagslast, taucht in eine andere, luftige, unbeschwerte Welt

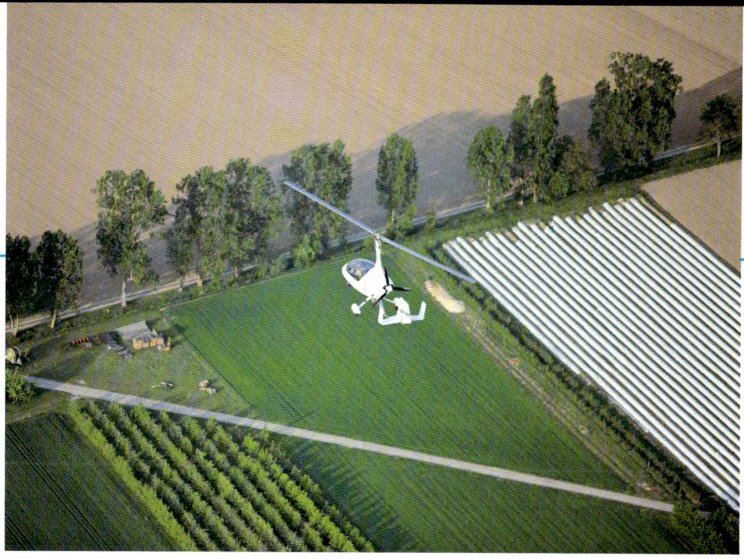

ein. „Was mich nach 5 000 Flugstunden immer noch fasziniert, ist das Naturerlebnis", bestätigt einer, der das Fliegen bewusst als Ausgleich für sein bodenständiges Erdenleben betrachtet. Der Flug über menschenleere Gegenden, die Begegnung mit Greifvögeln auf Augenhöhe – all das hat Mathias Österreicher zu einem großen Fan des Gyrokopters (so eine weitere Bezeichnung des Fluggeräts) werden lassen. Nicht zuletzt relativieren sich durch die andere Perspektive auch die Proportionen: Aus 300 Metern sieht vieles anders aus …

Wer es nicht glaubt und unverbindlich testen will, kann auch als Fußgänger Pilot sein: Das Angebot „Pilot für einen Tag" offeriert eine Flugstunde auf dem Pilotensitz, Start und Landung werden vom Fluglehrer gemanagt. Jan Harlfinger und seine Mitarbeiter haben noch viel vor: Touren zum Atlantik soll es bald geben, ans Mittelmeer will man fliegen, dem Lauf der Donau bis ans Schwarze Meer folgen … Ein betreutes Abenteuer mit professioneller, detaillierter Planung für alle, die unvergessliche Eindrücke lieben!

Clarion Hotel Hirschen

Clarion Hotel Hirschen
Cornelius & Werner Baumgartner

Breisgauer Straße 47
79110 Freiburg

Telefon 07 61 / 8 97 76 90
Telefax 07 61 / 8 79 94
www.clarion-hotel-freiburg.de

Am Rande der Breisgaumetropole, im historisch gewachsenen Ortsteil Lehen, liegt das Clarion Hotel Hirschen. Das Vier-Sterne-Feinschmeckerhotel bietet alles, was der Gast sich für Erholung, Gesellschaft und Rückzug wünschen kann. Persönliche Atmosphäre inklusive.

Der Hirschen in Lehen mit seinen über 600 Jahre alten Ursprüngen gilt seit Jahrzehnten als gute Adresse: Die Brüder Cornelius und Werner Baumgartner haben nach ihrer Ausbildung zum Koch und Restaurantmeister mehrere Lehr- und Wanderjahre im In- und Ausland absolviert. Zurückgekehrt in ihre südbadische Heimat haben sie ihr bodenständiges Naturell mit gemeinsamer Leidenschaft für schnörkellos ehrlichen Genuss und weltoffenes Ambiente ebenso ehrgeizig wie stimmig in Einklang gebracht. Neben der Modernisierung der Küche des ursprünglichen Dorfgasthauses machten sich die Brüder im neuen Jahrtausend an die Realisierung eines lang gehegten Traumes. Das 2005 fertiggestellte Hotel Hirschen bietet ein Wohlfühlambiente auf hohem Niveau. Die 70 mit Grundwasserkühlung klimatisierten Zimmer sind großzügig, elegant und stilvoll eingerichtet. Dezente mediterrane Farben und ein liebevoll gestaltetes Interieur erwarten die Besucher.
Hektik und Stress werden am Empfang gleich abgegeben. Empfangsleiterin Gerda Holzer und ihr Team heißen die Gäste ganz persönlich und herzlich willkommen. So ist eine Auszeit vom Alltag für Geschäftsreisende, Tagungsgäste, Kulturfreunde und Erholungssuchende aus dem In- und Ausland garantiert. Der Aufenthalt wird unvergesslich und lässt den nächsten Besuch zu einem „Heimkommen" werden. Pauschal-Arrangements wie das „Hirschen-Gourmet-Wochenende" bieten drei

Tage schönes Wohnen mit Gute-Laune-Frühstücksbuffet und zwei mehrgängigen Degustationsmenüs sowie freie Nutzung des Wellnessbereichs. Ausgestattet mit Sauna, Dampfbad, Tropendusche, Solarium, Ruhebereich sowie Außenpool mit großer schattiger Liegewiese lässt dieser Bereich den Alltag auf angenehme Weise vergessen und sorgt für Erholung und Entspannung.

365 Tage im Jahr kümmern sich die 50 aufmerksamen Mitarbeiter um das Wohl ihrer Gäste. Drei Veranstaltungsräume für bis zu 120 Personen sind mit modernster Technik für Seminare, Konferenzen und Tagungen ausgestattet. Das Restaurant und der schöne Garten mit seinem alten Baumbestand lassen den Aufenthalt zu einem Rundumerlebnis werden. Für geschäftliche und private Anlässe stehen das „traditionelle Gasthaus“ und das großzügige Restaurant Mühlenbach zur Auswahl. „Die Philosophie unseres Küchenchefs Christian Laberer ist ganz klar: frische Produkte auf hohem Niveau zubereitet sowie regionale Spezialitäten (Leberle und Briesle vom Kalb usw.)“, sagt Cornelius Baumgartner. Der als Sänger ausgebildete Werner Baumgartner erfreut seine Gäste auch mal spontan mit Arien. Die Sommernachts-Gala vereint Gaumen mit Ohrenfreuden, neapolitanische Canzone und Liederabende sind schon Tradition und bereichern die angenehme Atmosphäre.

Schöpflins Backhaus & Café

Schöpflins Backhaus & Café
Martin & Martina Schöpflin

Markgrafenstraße 6
79115 Freiburg

Telefon 07 61 / 49 40 47
www.schoepflins-backhaus.de

Wie schön, wenn „unser täglich Brot" noch aus der eigenen Bäckerei stammt! Schöpflins Backhaus & Café in Freiburg-Haslach ist einer der letzten Betriebe mit traditioneller Manufaktur im eigenen Haus. Seit über 80 Jahren entsteht hier in Handarbeit und mit natürlichen Zutaten, was die Menschen aus der näheren und weiteren Umgebung brauchen und lieben: Brot, Backwaren, Kuchen und Torten von Meisterhand.

Seit 20 Jahren betreiben Bäcker- und Konditormeister Martin Schöpflin und seine Frau, die Bäckereifachverkäuferin Martina, in vierter Generation das Ladengeschäft mit Café im Ortskern des Stadtteils Haslach. Direkt dahinter befindet sich die Backstube mit moderner Technik, die dem Handwerk dient, es aber nicht beherrscht. Die Auswahl im Backhaus ist überwältigend: 30 Brotsorten backen die Mitarbeiter täglich, darüber hinaus 40 Kleingebäck-Teile, darunter Spezialitäten, die anderswo längst nicht mehr zu haben sind: Doppelweck, Wiggeli, Gipfele und Salzweckle sind nicht nur bei denen beliebt, die diese Leckereien noch aus ihrer Kindheit kennen.

21 Mitarbeiter, davon drei Auszubildende und darunter Tochter Amelie, bemühen sich um die alltäglichen Backwaren wie auch um die Tortenspezialitäten: Von den Klassikern à la Sacher und Schwarzwälder Kirsch über die exotische Jamaica- und umwerfende Malakov-Torte (die so mancher als „Molotow-Torte" ordert) bis zu Obst- und Joghurttörtchen reicht das Spektrum. Saisonales

Backwerk wie der ausgezeichnete Christstollen und die Linzertorte zur Weihnachtszeit, zur Osterzeit dann Osterbrot, -kuchen und -lämmchen ergänzt das riesige Angebot. Zu überregionaler Berühmtheit haben es die Hochzeitstorten der Schöpflins gebracht: Allerlei spektakuläre Beispiele sind auf der informativen Internetseite zu finden – doch gemäß ihrer Überzeugung und Philosophie setzen die Meisterkonditoren auf den direkten Austausch im persönlichen Gespräch: vorbeikommen, Wünsche äußern, Termin nennen und Traumtorte ordern. Maiko Okatsu, eine junge Japanerin, war so angetan von ihrem Praktikum, dass sie sich um eine Ausbildungsstelle als Konditorin beim Backhaus Schöpflin bewarb. Ihre Worte sprechen Bände: „Während des Praktikums konnte ich viele vor Freude strahlende Gesichter von Kunden sehen, und das hat mich sehr glücklich gemacht …" Die Begeisterung ist konstant: Maiko befindet sich im zweiten Lehrjahr.

Ein Treffpunkt ist dieser Hort der schmackhaften Handarbeit für Menschen aus nah und fern: Nicht nur beim Einkaufen treffen sich die Schöpflin-Fans. Auch im gemütlichen Café gibt es regelmäßige süße Stammtische bei Kaffee und Kuchen. Filialbetriebe hat der begehrte Handwerksbetrieb bewusst nicht: „Wir möchten immer präsent sein und konzentrieren uns daher auf unser Kerngeschäft", sagt Martina Schöpflin selbstbewusst. Auf Preisdumping und Sonderangebote lassen sich die Schöpflins nicht ein. Allzu häufig sehen sie, wie viel weggeworfen wird, weil der Kunde doch eigentlich nur eine Brezel haben wollte und nicht drei. Die kontinuierlich hohe Qualität der Konditoreiwaren wird nicht nur im eigenen Quartier geschätzt: 17 Cafés und Eisdielen im Freiburger Stadtgebiet und im Breisgau ordern regelmäßig Kuchen und Torten aus Schöpflins Backhaus. Besonderes Vergnügen für Kenner: Schmeck' den Schöpflin!

Winzergenossenschaft Oberbergen

Winzergenossenschaft Oberbergen im Kaiserstuhl eG
Geschäftsführer: Rolf Hofschneider

Badbergstraße 2
79235 Vogtsburg-Oberbergen

Telefon 0 76 62 / 9 46 00
Telefax 0 76 62 / 94 60 24
www.wg-oberbergen.com

Der Kaiserstuhl mit seiner einzigartigen vulkanischen Landschaft bringt beste deutsche Weine hervor. Ein Paradebeispiel für die genossenschaftliche Winzerarbeit ist die Winzergenossenschaft in Oberbergen, einem der sieben Ortsteile der Gemeinde Vogtsburg. Im Jahr 2006 hat der Kaiserstühler Architekt Wolfgang Frey der WG ein repräsentatives Gebäude auf den Leib geschneidert: ein Genussportal für Gäste und Feste.

Die Liste der Empfehlungen und Preise ist lang und beruht auf der exzellenten Qualität Oberbergener Weine: Die erfolgsverwöhnte WG wurde 2010/2011 von der Fachzeitschrift Weinwirtschaft als „Beste Winzergenossenschaft in Baden“ ausgezeichnet, wird vom internationalen Gourmet-Journal Der Feinschmecker und vom Gault Millau empfohlen, erzielt regelmäßig Spitzenplätze bei regionalen und nationalen Einzelprämierungen.

Das freut Rolf Hofschneider, der seit über 40 Jahren in der WG arbeitet und seit 1993 ihr Geschäftsführer ist. Mehr als 400 Mitglieder bewirtschaften rund 345 Hektar Rebfläche der 1 000 Einwohner zählenden Ortschaft – hier hat also jede und jeder etwas mit Wein zu tun.
Und mit der Bassgeige natürlich! Die Bezeichnung „Bassgeige“ für Oberbergener Weine geht auf die Geländeform des Anbaugebiets zurück, das die Zeitgenossen mit den eleganten Kurven des Streichinstruments assoziierten. Heute ist sie ein Alleinstellungsmerkmal, um das die Oberbergener beneidet werden. „Wein ist Emotion“, sagt Rolf Hofschneider, der von jeher in Sichtweite der WG lebt. „Wein ist Musik für die Sinne“ lautet denn auch folgerichtig der Slogan für die Oberbergener Rebsorten, die komplette Burgunderfamilie, Müller-Thurgau, Silvaner, Riesling, Gewürztraminer und Muskateller. Die hervorragenden natürlichen

Bedingungen auf den steilen Rebterrassen des inneren Kaiserstuhls, der sorgfältige An- und Ausbau und beste Kellerarbeit haben die Marke „Oberbergener Bassgeige" zum überregionalen Synonym für Weinvergnügen gemacht. 25 Agenturen in ganz Deutschland vertreiben die delikaten Tropfen im Fachhandel und in der Gastronomie. Saisonale Spezialitäten wie Oberbergener Bassgeige „Frühlingsbote" und daran anschließend „Sommer-Ouvertüre" genießen mittlerweile Kultstatus, auch bei jungen Leuten.

Eine „Einladung zum Stopp" hat sich die WG Oberbergen vor einigen Jahren mit dem Neubau repräsentativer Räume am Ortsausgang gegönnt: Hinter dem monumentalen Bogen als Sinnbild für einen Gewölbekeller präsentiert sich die „Winzerwelt Bassgeige" mit Verkaufs- und Veranstaltungsräumen. Ein Tunnel verbindet als unterirdische Weinstraße kurzweilig die Geschichte des Weingenusses und die Lagerung von neun Millionen Litern Wein mit dem großen Holzfasskeller. Der Einladung zum Umschauen, Verkosten, Kaufen folgen viele Gäste aus der Nähe und Ferne; Gruppen-Weinproben müssen angemeldet werden. Zahlreiche Veranstaltungen vertiefen im Jahresverlauf die Weinkenntnis der Besucher.

Restaurant & Gästehaus Siebter Himmel

Siebter Himmel
Weinromantik in Burkheim am Kaiserstuhl
Anita Weisflog-Funken

Mittelstadt 3
79235 Vogtsburg-Burkheim

Telefon 0 76 62 / 94 99 20
www.siebter-himmel.eu

Der Siebte Himmel liegt im Kaiserstuhl: Im historischen Zentrum des idyllischen mittelalterlichen Städtchens Burkheim hat Anita Weisflog-Funken eine besondere Kombination aus Gastronomie und Gästehaus in dem 300 Jahre alten Gebäude geschaffen. Ihre Gäste sind begeistert von dem individuellen Angebot, aus dem sie nach Gusto wählen können.

Ambiente und Atmosphäre sind ausgefallen und einladend zugleich, doch das ist nicht allein der Grund für den appetitanregenden Namen: „Wir möchten, dass sich unsere Gäste so fühlen", erläutert Anita Weisflog-Funken, die das Restaurant mit dem erfolgreichen Konzept seit über sieben Jahren mit ihrem Team führt. Ihr ist gelungen, wonach viele Menschen suchen: individuelles Wohlfühlen in ansprechendem Ambiente.
Die „Appartements mit Persönlichkeit" sind allzu verlockend: Kleine Erker und Ecken, verträumte Terrassen, viel Kunst und Antiquitäten mit Stil prägen die vier Gästeoasen, die entsprechend ihren weinseligen Namen halten, was sich der anspruchsvolle Gast an liebenswerter Zuwendung erhofft. Unterschiedlich groß, doch allesamt komplett ausgestattet, lassen sie sich für eine oder mehrere Nächte buchen – wahlweise mit Frühstück, Halbpension oder zur Selbstversorgung. Spezial-Arrangements wie kulinarische Wein-und Kuschel-Wochenenden, Wein-Erlebniswochen oder

das Nachtwächter-Menü bei Kerzenschein auf der stimmungsvollen Terrasse oder im historischen Kellergewölbe locken immer wieder in den Siebten Himmel.
Die Küche ist geprägt von heimischen, von Grund auf frischen Genüssen: Die Tageskarte bietet kleine feine Gerichte, die den Gast satt, aber nicht träge machen. Auf der Terrasse mitten im Herzen der historischen Altstadt genießt man an Sommertagen unter anderem 15 verschiedene Flammkuchen-Variationen aus eigener Produktion: Vom Klassiker mit Speck und Zwiebeln über Ziegenfrischkäse und Birne bis zur mediterranen Variante mit Serrano-Schinken und Rucola bleibt kein Wunsch unerfüllt. Die Abendkarte offeriert „gehobene Küche" mit Spezialitäten à la carte oder Überraschungsmenüs, die sich ganz nach den Wünschen der Gäste richten: „Wir fragen nach den Vorlieben und dann darf sich die Küche austoben", erklärt Anita Weisflog-Funken, „und dazu servieren wir auf Wunsch die passenden Weine, natürlich auch solche, die wir sonst nur als Flaschenweine anbieten." Saisonale Menüs wie die kulinarische Spargel-Wein-Reise oder ein Wild-Kräuter-Menü sind ergänzende Verlockungen.
Natürlich haben die Gourmets unter den Medien den Siebten Himmel schon längst entdeckt: Die Lobgesänge reichen von Gault Millau über Spiegel bis Weinwelt – nicht zuletzt ein Ergebnis der Unternehmensphilosophie von Anita Weisflog-Funken: „Ein netter Umgang mit den Gästen ist das A und O. Ganz oft erleben wir, dass unsere Gäste mit Freunden und Familie wiederkommen. Das freut uns ganz besonders, weil wir dann wissen, dass der Funke übergesprungen ist."

TrautweinTraining

TrautweinTraining
Personal- & Unternehmensentwicklung
Elsbeth Trautwein

Bahnhofstraße 37-39
79235 Vogtsburg-Oberrotweil

Telefon 0 76 62 / 94 94 80
Telefax 0 76 62 / 94 94 89
www.trautweintraining.de

trautwein & wagner
Johannes Trautwein, Lukas Wagner,
Elsbeth Trautwein

Bahnhofstraße 37
79235 Vogtsburg-Oberrotweil

Telefon 0 76 62 / 94 94 87
Telefax 0 76 62 / 94 94 89
www.trautweinwagner.de

Elsbeth Trautwein berät, moderiert, trainiert und coacht Menschen und Unternehmen, um ein Höchstmaß an beruflichem und menschlichem Erfolg zu erzielen. Ihr seit 22 Jahren erfolgreiches Unternehmen für Personal- und Unternehmensentwicklung TrautweinTraining ist in Vogtsburg-Oberrotweil, 25 Kilometer von Freiburg entfernt, angesiedelt. Im vulkanischen Ambiente des Kaiserstuhls werden Seminare, Ausbildungen, Beratungen und Coachings rund um die Themen Führung, Personal- und persönliche Entwicklung durchgeführt.

Im Fokus steht die Schaffung und Entwicklung von Rahmenbedingungen, Inhalten und Methoden, die die fachliche, soziale und kommunikative Intelligenz der Teilnehmer fördern und fordern. Der interdisziplinäre Ansatz garantiert ein Höchstmaß an Inspiration und Umsetzungskraft. Die Sozial- und Wirtschaftswissenschaftlerin Elsbeth Trautwein ist Referentin, Moderatorin, Trainerin und (Unternehmens-)Coach aus Überzeugung und Leidenschaft. Sie zählt zu den motivationsstärksten Beraterinnen, mit dem Ruf, ihre Kunden mit „liebevoller Penetranz" bei der Erfüllung ihre Ziele und Wünsche zu begleiten. Mit der Kraft der Vision, einem enormen Maß an Entdeckerlust und Gestaltungswillen wurden die Weichen für das Unternehmen TrautweinTraining gestellt. Ihr Studium zur Diplom-Pädagogin und Sozialarbeiterin sowie eine wirtschaftswissenschaftliche Managementausbildung bilden neben ihrer hohen sozialen Intelligenz die fachlichen Voraussetzungen für ihre Arbeit. Das Unternehmen TrautweinTraining fokussiert sich auf die Personal- und Unternehmensentwicklung mit den Kernelementen Coaching, Beratung, Seminare und Ausbildungen.

Ihre Ursprünge als Hebamme sind Elsbeth Trautwein dabei niemals verloren gegangen – im Gegenteil: „Das Aufgabenfeld eines Coaches ist mit dem einer Hebamme zu vergleichen", schreibt sie in ihrer ausführlichen Angebotsbroschüre. Es gehe in diesen Bereichen gleichermaßen darum, zu planen, beraten, entwickeln und zu sichern, wie auch um die liebevolle und konsequente Begleitung von Mensch und Unternehmen auf dem Weg zum Erfolg. Gemäß ihrem Wahlspruch „Man erntet nur das, was man sät und kultiviert", weiß Elsbeth Trautwein, dass sich immer eine Lösung findet – wenn man offen und neugierig genug ist, über den eigenen Horizont hinauszublicken.

Die Ausbildungen zum Coach, Unternehmens-Coach und Coach für System-Aufstellung sind allesamt von übergeordneten Stellen zertifiziert (Deutscher Coachingverband, IfBE der Steinbeishochschule Berlin). Mittlerweile steht das „TrautweinTraining Zertifikat" bereits alleine für höchste Qualität im nationalen und internationalen Führungskräftetraining.

Auch finanziell ist die Zertifizierung für die Teilnehmer ein großer Gewinn: Zusammen mit ihrem jüngsten Sohn, dem Diplom-Betriebswirt Johannes Trautwein, und dem Diplom-Kaufmann Lukas Wagner hat Elsbeth Trautwein das Unternehmen trautwein & wagner gegründet, das bei der Akquise und Beantragung von Fördermitteln berät. Im Auftrag des Kunden wird die Förderfähigkeit evaluiert, die passende Förderstelle recherchiert und die entsprechende Antragstellung in die Wege geleitet.

LandhausTrautwein

LandhausTrautwein
Elsbeth Trautwein

Bahnhofstraße 37-39
79235 Vogtsburg-Oberrotweil

Telefon 0 76 62 / 94 94 84
Telefax 0 76 62 / 94 94 89
www.landhaustrautwein.de

Im Frühjahr 2011 hat Elsbeth Trautwein an ihr erfolgreiches Unternehmen TrautweinTraining – Personal- und Unternehmensentwicklung das LandhausTrautwein in Vogtsburg-Oberrotweil angedockt. Auf Kunden, Restaurant- und Hotelgäste warten die besten Weine in der hauseigenen Vinothek. Die jungen Köche zaubern aus den regionalen Produkten verblüffend natürliche Genüsse. Das kraftvolle Ambiente lässt die Tage und Abende im LandhausTrautwein zum wahren Vergnügen werden.

Die Bodenhaftung lebt Elsbeth Trautwein intensiv und konsequent – der direkte Kontakt zu den Menschen und Gästen, ihr lebenslanges Konzept des „Lernens aus Erfahrung“ und der ausgeprägte Wunsch, Leben und Arbeiten noch mehr als zuvor miteinander zu verknüpfen, führten zu der gut überlegten Entscheidung, als ihr das Gasthaus „Winzerstube“ am Ortsrand ihrer Heimatgemeinde angeboten wurde. Mit Neugierde und Ideenreichtum stellte sich Elsbeth Trautwein dieser neuen Herausforderung. Sie erkannte sofort die Chance und das Potenzial des Gebäudes und die Synergieeffekte für TrautweinTraining. Kurzerhand machte die mit Menschenkenntnis und Humor gesegnete Unternehmerin aus dem Gasthaus mit Hotel und dem lange ungenutzten Wirtschaftsgebäude das LandhausTrautwein. Der vollständig modernisierte Gastraum mit Blick auf die idyllischen Wiesen und Weinberge beherbergt neben den Trainingsräumen des Unternehmens TrautweinTraining ein Restaurant, eine Vinothek, ein Café und ein Hotel mit 20 Betten. Im Hof findet sich „der schönste Biergarten des Kaiserstuhls“ unter uralten Kastanien.

Das LandhausTrautwein ist eine lebendige Gastronomie für nationale und internationale Gäste. Die Küche bevorzugt regionale Produkte mit Frische, Geschmack und Vitalstoffen. Mittags hält das Restaurant neben der Feinschmeckerkarte einen Mittagstisch, nachmittags köstliche Kuchen und Eis aus der Kaiserstühler Eismanufaktur für die

Gäste bereit. In der Vinothek können die Gäste Weine aus 19 ausgewählten Weingütern und Genossenschaften der Region probieren und genießen. Räume für 30, 80 oder – im Kastaniengarten – 120 Plätze bieten viele Möglichkeiten für Festlichkeiten und Feiern.

Zwischen dem reichhaltigen Frühstück und köstlichen Abendessen können die Gäste Freiburg, Colmar, Basel und Straßburg im Dreiländereck besuchen. Kurze oder lange Wanderungen oder Fahrradtouren lassen den Kaiserstuhl zum „natürlichen und erlebnisreichen" Fitnesstrainer werden. Die einzigartige Flora und Fauna bringen auch erfahrene Biologen und Naturfreunde zum Strahlen. Gerne organisiert das Landhaus-Team ein individuelles Programm für Gäste und Feste: Von Outdooraktivitäten, Bootsfahrten, E-Bikes bis Planwagenfahrten oder geführten Touren mit Picknick reicht das Angebot. Die neun individuell eingerichteten Zimmer in drei Kategorien lassen keine Wünsche offen. Elsbeth Trautwein will ihr Landhaus inmitten der natürlichen „Wellness-Oase" Kaiserstuhl zu einer überregional bekannten Stätte der Gastlichkeit und des Vertrauens entwickeln.

Kirschblüte am Kaiserstuhl

Faude feine Brände

Faude feine Brände
Florian Faude

Bergstraße 18
79268 Bötzingen

Telefon 0 76 63 / 6 07 52 55
Telefax 0 76 63 / 6 07 52 56
www.faude-feine-braende.com

Ein Gedicht! Die Nase voller Aromen, der Gaumen betört vom runden Obstgeschmack: Florian Faude weiß, wie er die Besucher von seinen feinen reinen Obstbränden und -likören überzeugt. Ganz einfach: Bloßes Nippen lässt die Geschmackspapillen vor Begeisterung erbeben. Der 27-jährige gelernte Winzer und autodidaktische Obstbrenner gilt als großes Zukunftstalent.

Im Glas das volle Rot der „Dollenseppler" und „Benjaminer" – ausschließlich heimische Kirschen –, das warme Gelb der Kaiserstühler Mirabelle, das fruchtige Aroma der Pflaumen-, Zibärtle- und Zwetschgenbrände vom eigenen Grundstück. Weiterhin: dezente Birnbrände und die Verheißungen der Quitte. Dazu die Liköre aus Sauerkirschen und Apfel-Ingwer und der Klassiker aus dem Kaiserstuhl: Weintresterbrand aus der Spätburgundertraube. Allesamt ein Gedicht!

Wie kommt ein junger Mann dazu, sich eine Hausbrennerei einzurichten? Florian Faude ist von jeher fasziniert von dem, was die Natur hervorbringt und was der Mensch daraus macht. Machen kann, wenn er denn will. Florian Faude will. „Wie bei allem im Leben", philosophiert der ursprüngliche Autodidakt, „ist das Ausgangsmaterial das Wichtigste. Bei schonender Behandlung ergibt sich ein entsprechendes Produkt." Soll heißen: Das Gespür für Qualität ist die Basis und die

Technik muss folgen. Bereits in seiner Schulzeit war er „angefressen" von allem, was man schmecken, fühlen, begreifen kann. Stellte irgendwann die Kernfrage: Wie kann sich das Aroma der Frucht am Baum in dem Produkt widerspiegeln? Das Interesse am Echten, Ehrlichen, Wahren, Guten, geprägt im kulinarisch aufgeschlossenen und Experimenten nicht abgeneigten Elternhaus, führte Florian Faude zu einer traditionellen Winzerlehre bei einem renommierten Kaiserstühler Weingut und parallel immer wieder in die Produktion seiner eigenen feinen Brände. Seit 2010 kann sich der junge Wilde unter den Brennern „Staatlich geprüfte Fachkraft für Brennereiwesen" nennen und vor Auszeichnungen kaum noch retten. Himmlisches Obst, vollreif von Hand geerntet und sorgsam behandelt: reiner Obstbrand – mehr kommt nicht in die Flasche. Eine Flasche, die sich zurückhaltend gibt und dem Inhalt den Vorrang lässt mit einem Etikett, das in seiner schlichten Eleganz auf den Inhalt schließen lässt. Die Inhaltsangabe ebenso knapp wie ausreichend: sortenrein, handverlesen, sorgfältig destilliert. Florian Faude weiß um sein Alleinstellungsmerkmal: Wissen und Neugier gepaart mit Perfektionismus und einem sicheren Gespür für den Bedarf eines Publikums, das die Allianz von Tradition und Urbanität hoch schätzt, haben ihn innerhalb von sechs Jahren zu einem funkelnden Stern am Firmament heimischer Brennkunst gemacht. Der Applaus nimmt kein Ende, die Preise prasseln auf ihn herab. Faude nimmt's gelassen: „Ich bin gespannt, wie's weitergeht."

Weinstube Holzöfele

Weinstube Holzöfele
Marianne & Peter Birmele

Bachenstraße 46
79241 Ihringen

Telefon 0 76 68 / 2 07
www.holzoefele.de

Wer in den Kaiserstuhl fährt, möchte neben Landschaft und Kultur auch Kulinarisches genießen. Das Restaurant Weinstube Holzöfele ist seit Jahrzehnten der Inbegriff südbadischer Gastlichkeit. Der gebürtige Ihringer Peter Birmele und seine Frau Marianne sind Gastgeber aus Überzeugung und Passion. Besonders die frische Fischküche hat es ihnen angetan.

„Ich will für alle da sein", lautet Peter Birmeles Credo. Es gibt nur eine Einschränkung: Zeit und Muße sollten die Menschen mitbringen, die sich vom Küchenchef und seinem Team bekochen lassen möchten. Mit viel Erfahrung und Hingabe widmet sich Peter Birmele dem, was er seine klare und konsequente Maxime nennt: frische Ware, hohe Qualität, liebevolle Zubereitung. Die Zutaten für die täglich wechselnden Tagesgerichte und saisonalen Menüs der klassischen badischen Küche auf höchstem Niveau stammen von ausgewählten Lieferanten und Erzeugern aus der Region. In Sachen Fisch schwört der Gastronom auf die französische Lebensart: Jede Woche verwöhnt er seine Sinne auf dem Großmarkt im nahen Colmar: „Hier kann ich den Fisch nicht nur aus der Ferne ansehen wie in Deutschland, sondern darf ihn auch anfassen", sagt Peter Birmele. Absolut wichtig für die Beurteilung von Frische und Qualität. Man sitzt angenehm gemütlich im holzgetäfelten Gastraum, im hellen Wintergarten oder schon sehr früh und noch sehr spät im Jahr auf der großen Terrasse im Zentrum der wärmsten Gemeinde Deutschlands. Peter Birmele und seine Frau Marianne sind seit ihrem 14. Lebensjahr mit der Gastronomie im Bunde: Gemeinsam wurden sie im Hotel Engel in Horben zu Koch und Köchin ausgebildet, zusammen haben sie Stationen mit großen

Namen, wie Carlton Hotel in St. Moritz, Hotel Bachmair am See in Rottach-Egern, Brenners Parkhotel in Baden-Baden, Hotel Ritter in Durbach, Parkhotel Wehrle in Triberg, durchlaufen. Zurück in der Ihringer Heimat waren sie Wirte der Restaurants Karles Weinkrügele und Winzerstube. Seit 2003 sind sie im Holzöfele zu Hause. Tochter Christine und Schwiegersohn Robert, beide Restaurantfachkräfte, gehören seit 2009 mit zum Team. Ausbildung ist für die Familie Birmele Ehrensache: Mit Können und Leidenschaft werden junge Menschen an „Berufe, die nie langweilig werden“ – Koch und Restaurantfachmann/-frau – herangeführt.

Birmeles Vorfahren wanderten einst nach dem 30-jährigen Krieg aus der Schweiz nach Ihringen ein. Eine lange Tradition, die – selbstverständlich in einer Gemeinde, die von jeher mit dem Weinbau beschäftig ist – auch 70 Ar Reben umfasst. Erst vor einigen Jahren hat Peter Birmele seine Reben wiederentdeckt und lässt seine Burgunderweine vom renommierten Weingut Dr. Heger ausbauen. Die Gäste loben das optimale Preis-Leistungs-Verhältnis, die fachlich perfekte und geschmacklich einwandfreie Küche und das Gefühl des guten Aufgehobenseins. „Genuss ist unsere Leidenschaft – und das spürt und schmeckt man auch“, sagen die Birmeles selbstbewusst. Eine Begeisterung, die sie jederzeit gerne mit ihren Gästen teilen. Und die – da sind sich die Gastgeber immer treu geblieben – sind nun mal die Könige!

Hofgut Lilienhof

Hofgut Lilienhof
DMS Holding GmbH & Co. KG

Lilienhof 1
79241 Ihringen

Telefon 0 76 63 / 94 01 26
Mobil 01 78 / 1 41 00 14
www.hofgut-lilienhof.de

Warum in die Ferne schweifen? Manche Paradiese sind ganz nah: Das ehemalige Gestüt Lilienhof des Grafen August von Bismarck am Ende eines kleinen Kaiserstuhl-Tals bietet eine besonders naturnahe Möglichkeit, nach eigenem Geschmack zu feiern. Unweit von Ihringen, dem wärmsten Ort Deutschlands, gelegen, findet man hier das perfekte stilvolle Ambiente mit kompletter Infrastruktur und individuellem Service.

Eine Idylle ersten Ranges breitet sich vor dem Besucher aus: Das Hofgut Lilienhof inmitten der einzigartigen Landschaft des inneren Kaiserstuhls ist umgeben von sanften Hügeln, saftigen Wiesen, kräftigen Bäumen und ertragreichen Reben. Im Frühsommer entfalten seltene Orchideen ihre wundersame Blütenpracht, das nahe gelegene Arboretum ist berühmt für seine Vielfalt. 1872 erwarb Graf August von Bismarck das erstmals im 11. Jahrhundert urkundlich erwähnte Hofgut und baute es zu einem herrschaftlichen Trabergestüt aus. Von der Pferdeleidenschaft des Grafen kündet die architektonische Grundanlage bis heute: Der Charme des Hofguts lebt von seiner Historie und der behutsamen Modernisierung. Seit 2005 verwaltet die Hofgut Lilienhof DMS Holding das 2,4 Hektar große Anwesen und lädt zu traumhaften Festen und zu Tagungen mit moderner Medientechnik ein.
Das gepflegte Hofgut Lilienhof ist rechtwinklig um die große Linde im Innenhof angeordnet. Im Haupthaus findet sich der mediterran gestaltete Festsaal mit bis zu 180 Plätzen für Feiern, Präsentationen und Tagungen. Auch die Remise mit ihrer stimmungsvollen Beleuchtung eignet sich hervor-

ragend für Hochzeiten mit bis zu 80 Gästen. An warmen Tagen öffnet sich das Holztor zum Innenhof. Im 290 Quadratmeter großen Römerhof hinter dem Haupthaus wurden dereinst die Pferde gesattelt und an der Longe geführt. Heute ist der gemauerte Innenhof mit Rasengrund ein beliebter Ort für Trauungen, Empfänge und Konzerte. Die Akustik ist phantastisch und gestört wird niemand. „Wer hier feiert, ist mit seinen Gästen stets allein", erklärt Gerhard Wissler, der als Ansprechpartner für alle Fragen und Buchungen fungiert. Der Mieter kann aus verschiedenen Basis-Paketen wählen und diese nach eigenem Bedarf mit weiteren Elementen bestücken. Von Dekoration bis Endreinigung ist an alles gedacht, auch Audio- und Videoinstallationen sind wählbar. Das komplette Geschirr und das kompetente Servicepersonal sind feste Bestandteile jeder Veranstaltung.
Als Partner für die leiblichen Genüsse sind unter anderem acht Caterer und das mehrfach ausgezeichnete Ihringer Weingut Dr. Heger mit im Boot. Sie alle garantieren für höchste Qualität der jeweiligen Arrangements. Einfache Übernachtungsmöglichkeiten können im Haus, anspruchsvollere in guten Hotels der Umgebung gebucht

werden. Grill- und Spielmöglichkeiten gehören ebenso zum Anwesen wie ausgedehnte Rasenflächen. Auch Kinderbetreuung von Fachleuten und Spezialarrangements unter dem Motto „Feiern in Gesellschaft" sind Teil des ausgeklügelten Konzepts. „Exklusiv feiern, wo Mensch und Natur sich begegnen" – das ist im Hofgut Lilienhof mehr als ein Slogan.

Storchen Restaurant Hotel

Storchen Restaurant Hotel
Fritz & Jochen Helfesrieder

Felix-und-Nabor-Straße 2
79189 Bad Krozingen-Schmidhofen

Telefon 0 76 33 / 53 29
www.storchen-schmidhofen.de

Die Storchen-Küche lebt von dem, was Feld, Wald und Gewässer an edlen Zutaten bereithalten. Das ehemalige Dorfgasthaus in Bad Krozingen-Schmidhofen hat sich im Laufe der vergangenen 33 Jahre zu einer nachhaltigen Gourmet-Adresse gewandelt. Fisch ist das „Steckenpferd" des Inhabers und Kochs Fritz Helfesrieder.

Ein einladendes Haus aus dem 16. Jahrhundert empfängt den Gast in direkter Nachbarschaft zur Wallfahrtskapelle Felix und Nabor des kleinen Weilers Schmidhofen im Markgräflerland. Die Räume sind hell und mit sicherem Gespür für unaufdringliche Wohlfühl-Atmosphäre akzentuiert. Werke des Freiburger Künstlers Norbert Eschger ziehen sich durch Flur, Gastraum und Stube. Im Obergeschoss gibt es vier Doppelzimmer für Menschen, die unspektakuläre Ruhe und perfekte Gastfreundschaft genießen möchten, die Terrasse lädt zum entspannten Sitzen unter der Pergola am Teich ein. Besternt vom Michelin sind hier höchste Genüsse zu finden, die sich an den Jahreszeiten orientieren: Ein Gewinn sei es, sagt Annemarie Helfesrieder, sich „auf das zu freuen, das wächst, wenn es wächst".
Regionale Gerichte, immer wieder neu interpretiert und kombiniert mit dem Besten aus nahen und fernen Gewässern, das hat sich die Familie Helfesrieder auf die Gourmet-Fahnen geschrieben. Neben dem geliebten Fisch haben auch Spezialitäten und Klassiker der badischen Küche einen Platz im Herzen Fritz Helfesrieders und damit auch auf

der Karte. Nur ausgewählte Produkte werden verwendet, Massenware ist hier unerwünscht und Qualität hat ihren Preis. Dass gutes Essen und Trinken erhaltenswerte Kulturgüter sind, hat die Familie Helfesrieder für die Gäste auch in der Speisekarte formuliert: „In unserer Storchen-Küche verwenden wir nur hochwertige, vorwiegend regionale Lebensmittel. Nachhaltigkeit, der Respekt vor Natur, Landschaft und Geschöpf, gepaart mit solider handwerklicher Kochkunst stehen im Vordergrund.“
Auch Sohn Jochen ist vom Storchen infiziert: Mittlerweile stehen Vater und Sohn gemeinsam in der Storchen-Küche. Qualität ohne Allüren zu bieten, nicht stehenzubleiben, Bewährtes immer wieder neu zu interpretieren – das ist für die Familie Helfesrieder selbstverständlich. Im Storchen-Jahr gibt es einige wiederkehrende Termine wie die Fischwoche im Februar, die Hommage an den heimischen Spargel im Mai/Juni, die Küchenparty im Sommer, ausgesuchte Wildspezialitäten im Herbst und die Schlachtplatte vom Bio-Landschwein im November. Kochkurse, bei denen man auf Tuchfühlung mit dem Storchen-Herd gehen kann, finden mehrmals jährlich statt. Am Montag und Dienstag bleibt das Restaurant geschlossen. Im Storchen agieren entspannte Gastgeber mit einem offenen Ohr für die Bedürfnisse der Gäste. Nicht umsonst leben sie neben einer Wallfahrtskapelle für die Schutzpatrone der Ohren …

Dorothea Siegert-Binder

Dorothea Siegert-Binder

Wettelbrunner Straße 6
79219 Staufen

Telefon 0 76 33 / 8 06 00 63
www.siegert-binder.de

Ein Besuch bei Dorothea Siegert-Binder räumt jegliche Zweifel aus: Es gibt Engel! Geboren werden sie in Staufen und verbreiten sich dann in der ganzen Republik. In einem kleinen alten Häuschen am Rande der beschaulichen Fauststadt südlich Freiburgs hat Dorothea Siegert-Binder für sich und ihre lebensfrohen Figuren, Bilder, Stühle ein Domizil gefunden. Wonnige Weiber, tierisch gute Artefakte, Postkarten inklusive.

Dass die Gesichtszüge gestresster Zeitgenossen angesichts ihrer rundum wonnigen Figuren entgleisen, das ist Dorothea Siegert-Binder schon gewohnt. Ein Lächeln zaubern sie in den Alltag der Besucher, die sich staunend diesen schwebenden, sitzenden, stehenden, balancierenden Figuren nähern. „Engel können fliegen, weil sie sich selbst nicht so schwer nehmen", steht auf einer der Abbildungen ihrer kunterbunten mopsfidelen Pappmascheefiguren, die man als Postkarte verschicken kann. Alle, zumeist weiblichen Figuren sind Unikate, fliegen können viele, andere sind bodenständig, manche jonglieren auf dem Seil, strahlen Lebensfreude und Zufriedenheit aus – und manchmal auch Melancholie und Weisheit, Hochnäsigkeit und Ignoranz. Dorothea Siegert-Binders Figuren sind papiergewordene Abbilder ihrer täglichen Beobachtungen. Es mag daran liegen, dass man sich oder andere wiedererkennt in diesen wunderbar pointierten Weibern, die einen durchaus an die eine oder andere Bekannte erinnern – oder gar an sich selbst?

Die freiberufliche Künstlerin lebt seit 1989 in Südbaden und hat hier ihre Leidenschaft für Papier, Pappe und Farbe zu einer fantasievollen Perfektion entwickelt. „Die Faszination aus ‚nichts' etwas zu machen, hört nicht auf", strahlt die gelernte Spielzeugdesignerin, Dekorateurin und Plakatgestalterin aus Thüringen. Als zwölftes Kind einer Lehrerfamilie in der ehemaligen DDR geboren, hatte sie bereits einen kurvigen Lebensweg

hinter sich, als sie 1989 in Südbaden landete. Hier wurde sie heimisch, zog ihre beiden Töchter groß und entpuppte sich als Intendantin eines Figurentheaters.
„Die Frierende und auch die Dicke, die Shopperin und auch die Zicke" beschreibt die vor Ideen sprudelnde Künstlerin ihre menschliche Menagerie in einem Gedicht, das sie als Dank für den Ehrenpreis der schwedischen Modemacherin Gudrun Sjödén verfasste. Ausgezeichnet als „Die farbstärkste Frau des Jahres" verrät sie hier ihr Hauptmotiv: „Es macht mir Spaß." Den behält sie nicht für sich, sondern gibt ihn in Workshops weiter: Ein Wochenende mit der Künstlerin ist ein fröhlicher Labsal für alle, die selbst einmal Hand anlegen und ihre eigenen wunderfitzigen Geschöpfe zum Leben erwecken wollen. Gekleidet werden sie in ausgefallene Geschenkpapiere, die Dorothea Siegert-Binder auf ihren Streifzügen durch Fachgeschäfte entdeckt.
„Das Leben ist zu kurz für Grau" titelte die Zeitung „Potsdamer Neueste Nachrichten" anlässlich einer Ausstellung der „fröhlich-bunten Wonneproppen".

Eine Maxime, die Dorothea Siegert-Binder uneingeschränkt teilt: Ihr Leben ist voller bunter Zeitgenossen. Über Atelierbesuche – nach vorheriger Anmeldung – freut sich die Künstlerin.

Vinolivio

Vinolivio
Lothar Scheer

Brühlstraße 13
79331 Teningen-Köndringen

Telefon 0 76 41 / 9 59 49 99
www.vinolivio.de

Die Toscana ist nicht weit: Am Rande des Gewerbegebiets Blochmatten-Brühl zwischen Emmendingen und Teningen-Köndringen lockt ein riesiges Gewächshaus zu mediterranen Genüssen: Das Restaurant Vinolivio ist innerhalb von fünf Jahren zum Inbegriff für entspannten Aufenthalt mit frischen Spezialitäten geworden.

Man sitzt unter riesigen Palmen und uralten Olivenbäumen im Glashaus oder mit Blick auf die Musteranlage der Stadtgärtnerei auf der weitläufigen Terrasse, genießt das Ambiente, das Essen den Wein. Wein und Oliven – das ist die Bedeutung des Namens Vinolivio, den Lothar Scheer seinem in der Region einzigartigen gastronomischen Glashaus gegeben hat. Als der erfahrene Wirt im Jahr 2005 auf der Suche nach Partnern für seine Idee war, konnte er nicht auf bereits Bestehendes zurückgreifen. Ein Restaurant in einer Gärtnerei schwebte ihm vor. Da er nicht fündig wurde, griff er zur Selbsthilfe, aktivierte seine Kontakte und fand einen Partner, der ihm den Rahmen für das eigene Konzept und die Innengestaltung bieten konnte.

Der Erfolg des Lokals beruht auf dem besonderen Konzept, einem gut austarierten Wechselspiel zwischen der verlockenden Vielfalt badischer mit mediterranen und exotischen Spezialitäten – und das täglich von 11 bis 1 Uhr. Die „Renner" der Karte sind Flammkuchen, die im Vinolivio auf

zwölf verschiedene Arten zubereitet werden – von klassischen mit Speck und Zwiebeln über den vegetarischen mit mediterranem Gemüse und den Lachs-Flammkuchen mit Rucola bis zum Exemplar mit rassigem Serranoschinken, delikaten Garnelen oder der süßen Variante, belegt mit Äpfeln, gewürzt mit Zimt, flambiert mit Calvados. Eine große Auswahl an Suppen und Antipasti, zusammen mit einem Aperitif genossen, öffnet den Magen. Die Pasta-Gerichte – Spaghettini oder Penne mit appetitlichen Zutaten von Putenbrust bis Garnelen – oder die nach Mittelmeerinseln benannten Salate vertreiben den kleinen Hunger schnell oder dienen als Auftakt zu den reichhaltigen Hauptgerichten, die in der offenen Küche schnell und frisch zubereitet werden. Dazu gehören klassische Fleisch- und Fischspezialitäten ebenso wie innovative Experimente („Calamares-Steak“). Eine große Dessertkarte rundet das individuelle Menü ab.

Die Weine stammen größtenteils vom Winzer Franz Herbster in Kirchhofen und werden glasweise ausgeschenkt. „Weine mit Seele“ sind dem erfahrenen Weinküfer mit dem großen Sortiment eine Herzensangelegenheit. Seine ausgewogenen Rebenlieblinge stellt er im Vinolivio nicht nur als Begleiter der Mahlzeiten zur Verfügung: Im Eingangsbereich des Lokals werden die vier aktuellen Weine der Saison präsentiert und können flaschenweise erworben werden. Dieses Angebot wird ebenso gerne genutzt wie die große Eis- und Kuchenauswahl und die reichhaltige Cocktailkarte. Im Lokal selbst ist Platz für 80 Personen, auf der Empore können Gruppen bis zu 50 Personen untergebracht werden. Im Außenbereich können bis zu 100 Gäste in Urlaubsgefühlen schwelgen.

Emotion Café-Restaurant & mehr

Emotion Café-Restaurant & mehr
David Jäger

Landvogtei 6
79312 Emmendingen

Telefon 0 76 41 / 31 13
Telefax 0 76 41 / 9 54 33 77
www.emotion-cafe.de

Seit fast 20 Jahren begeistert das Emotion Café-Restaurant & mehr im Herzen der Großen Kreisstadt Emmendingen seine Gäste mit einem breiten Spektrum: Vom morgendlichen Frühstück über den Kaffee zwischendurch und Business Lunch am Mittag bis zu der Kaffeepause mit süßer Stärkung am Nachmittag und gepflegtem Treff mit Tapas am Abend laden der großzügig gestaltete Raum mit 80 und die Terrasse mit 100 Plätzen ein.

„Kontinuität und Qualität" nennt David Jäger als „Rezept" für den Erfolg des vor drei Jahren rundum renovierten Cafés, in dem Modernität und Behaglichkeit aufs Beste harmonieren. Die Plätze an der offenen Theke, elegante Tische und Stühle laden zum Verweilen ein. Im hinteren Bereich des Lokals gibt es auf einer kleinen Empore Rückzugsmöglichkeiten für stressgeplagte Mitmenschen.
Seit Oktober 2008 führt David Jäger, der Sohn der Friseurmeisterin Irene Dietrich, die das etablierte Café im lauschigen Eckchen gegenüber dem neuen Rathaus bereits 1992 gründete, den Betrieb. Der junge, staatlich geprüfte Gastronom und Restaurantmeister kehrte nach Lehr- und Wanderjahren in Süddeutschland und der Schweiz nach Emmendingen zurück, um in die Familientradition einzusteigen. Von Beginn an ist seine Großmutter Christa Hunzinger im Service mit dabei und verwöhnt die Gäste mit fachkundiger und umsichtiger Präsenz.

Montag bis Samstag öffnet das Café in der Landvogtei um 9, am Sonntag um 10 Uhr. Dann ist bis 13:30 Uhr Zeit für das mittlerweile „berühmte" Sonntagsfrühstücksbuffet: Von weit her kommen die Gäste, um sich einen entspannten Schlemmervormittag zu gönnen. Es erwartet sie eine reichhaltige Auswahl an Frühstücksspezialitäten – immer frisch und vieles davon hausgemacht.
An Werktagen ist der mittägliche Business-Lunch hochbegehrt: Ein Tagesessen mit, eines ohne Fleisch, jeweils mit Salat vom Buffet, sorgt für gesunde Sättigung und Entspannung. Samstags ist die gute badische Suppe Tradition für alle Bummler und Einkäufer. Die „hausgemachten" Flammkuchen, Tapas & Cocktails gelten als besondere Spezialität des Emotion Café-Restaurant & mehr.
Mit den umliegenden Geschäften bestehen enge Kontakte: Susanne Ambré vom gegenüberliegenden Curiosa bietet ihren Kunden ausgesuchte Möbel und Accessoires, im Friseur-Salon Gutjahr nebenan wirkt David Jägers Mutter Irene Dietrich, die auch für die Maske des regionalen Fernsehsenders TV Südbaden verantwortlich ist. Mit ihr und der Nageldesignerin & ärztlich geprüften Fußpflegerin Manja Kusch kreiert David Jäger immer wieder reizvolle Wellness-Pakete, die auf der Webseite des Café-Restaurants vorgestellt werden.

Wer etwas zu feiern hat, kann sich vertrauensvoll an die Fachleute des Emotion wenden. Ob mit oder ohne Musik, Speisen vom Buffet oder mehrgängiges Menü: „Wir überzeugen unsere Gäste jederzeit durch hohe Qualität", versprechen der „geborene Gastgeber" und sein Team.

kunsthalle messmer

kunsthalle messmer
Jürgen A. Messmer

Großherzog-Leopold-Platz 1
79359 Riegel am Kaiserstuhl

Telefon 0 76 42 / 9 20 16 20
Telefax 0 76 42 / 9 20 16 29
www.messmerfoundation.com

Seit 2009 gibt es nördlich von Freiburg ein Museum, das bereits große überregionale Bekanntheit genießt: die kunsthalle messmer in Riegel am Kaiserstuhl. Trägerin des Museums ist die gemeinnützige messmer foundation, die von Jürgen A. Messmer ins Leben gerufen wurde. Der Kunstsammler, Designer und Produzent exklusiver Schreibgeräte hat sich mit Zielstrebigkeit, Energie und Enthusiasmus einen Traum verwirklicht: Nach jahrelanger Suche fand er im historischen Gebäude der ehemaligen Riegeler Brauerei den idealen Standort für sein Museum.

Jürgen Messmer ist ein Unternehmer im Wortsinn: Wenn er sich etwas in den Kopf gesetzt hat, dann wird daraus ein Ziel. Und ein Ziel ist dazu da, es zu erreichen. So ist es auch nur folgerichtig, dass seine Sammlerleidenschaft, die sich in den 1970er-Jahren am Schweizer Konstruktivisten André Evard entzündete, in diese einmalige Stiftungspräsentation mündete. Das Museum ist am Rande des Kaiserstuhls mit Blick auf Breisgau und Schwarzwald idyllisch am Zusammenfluss von Dreisam, Glotter und Elz gelegen und bietet Kunstfreunden aus der ganzen Welt faszinierende Ein- und Ausblicke.

Durch den Skulpturengarten gelangt man zum Eingang der Kunsthalle, die in zwei bis drei Ausstellungen pro Jahr ihre Kompetenz in der Klassischen Moderne und der zeitgenössischen Kunst beweist. Zehn offene Räume auf 900 Quadratmetern bieten der Kunst den Platz, den sie zur Entfaltung benötigt. In der Sammlung befinden sich bedeutende Werke der Klassischen Moderne von Braque über Dalí bis Klee und Vasarely und Arbeiten zeitgenössischer Künstler mit konkret-konstruktivem Schwerpunkt wie Klaus Staudt, Jesús Rafael Soto und Carlos Cruz-Diez. Für die wechselnden Themenausstellungen werden die eigenen Exponate aus dem Depot geholt und mit Leihgaben aus Privatsammlungen und Museen in spannenden Zusammenstellungen präsentiert. Thematisch ergeben sich dadurch Schwerpunkte mit hohem Anspruch auf internationalem Niveau. Sechs Ausstellungen in zwei Jahren beweisen: Das Konzept funktioniert, die Besucher kommen zahlreich in die kunstsinnige Gemeinde, die über ein altes kulturelles Erbe verfügt. Denn schon die Römer wussten die Gegend rund um den Kaiserstuhl zu schätzen. Und so erstaunt es nicht, dass der Freundeskreis der messmer foundation stetig wächst, sich die exklusiv organisierten Veranstaltungen mehren und die buchbaren und öffentlichen Führungen bei Jung und Alt beliebt sind. Alle zwei bis drei Jahre schreibt Messmer den Internationalen Evard-Preis aus. Er gilt als bedeutendster Preis der konkret-konstruktiven Kunstszene, an dem bis zu 600 Künstler teilnehmen. „Das sympathische Museum" wolle man sein, sagt Jürgen A. Messmer. Seine Mitarbeiterinnen bestätigen die überwältigende Resonanz beim Publikum ebenso wie das gewichtige Gästebuch: „Von der Brauerei zum Kunsttempel" schrieb ein begeisterter Besucher auf handgeschöpftes Bütten.

Am Schauinsland – Unterwegs am Freiburger Hausberg

Als Vorbote des Schwarzwaldes erhebt sich der Schauinsland zwischen Freiburg-Günterstal und dem Dreisamtal auf 1 284 Metern. „Hausberg“ nennen die Freiburger die Höhe mit dem sprechenden Namen. Wer hier ins Land schaut, kann sich tatsächlich kaum sattsehen: Der Panoramablick auf Freiburg, den Kaiserstuhl, das Rheintal und die Vogesen bis hin zum französischen Jura und die Alpen ist besonders an Tagen mit Inversionswetterlage legendär. Der 1981 errichtete Eugen-Keidel-Turm auf dem Gipfel gewährt von seiner Aussichtsplattform in 20 Metern Höhe bei klarer Witterung einen freien Blick bis zum Mont Blanc.
Der Schauinsland bietet Entspannung und Aktivitäten zu jeder Jahreszeit. Mehrere Möglichkeiten machen den Besuch einfach und bieten doppelten Genuss ohne Autostress: Per Schauinslandbahn – der längsten Gondelbahn Deutschlands – erreicht man den Gipfel ganzjährig von der Talstation aus innerhalb von 15 bis 20 Minuten. Busse verbinden die Stadt und das Umland aus allen Himmelsrichtungen mit dem Berg. Wanderwege führen aus der Rheinebene direkt in den Schwarzwald. Wer nicht auf das Auto verzichten möchte, kann von der Abzweigung Horben auch die seit Sommer 2007 für das (unmotorisierte) Einzelzeitfahren „Schauinslandkönig“ freigegebene Straße L 124 auf den Berg nutzen. Die in früheren Jahrzehnten durchgeführten „Schauinsland-Rennen“ werden seit 2000 auf einer verkürzten Strecke als Oldtimer-Fahrten namens „Schauinsland Klassik“ veranstaltet.
Die Möglichkeiten der Freizeitgestaltung sind abwechslungsreich. Neben unzähligen Wanderwegen und Spaziergang-Möglichkeiten kann man auch Neues ausprobieren: Schatzsuche mit Geocaching-Touren, Downhill-Rollerfahrten bis hinunter zur Talstation, Vollmond-Wanderungen und geführte

Schneeschuh-Touren gehören zu den schönsten Erlebnissen am Schauinsland. Naturerlebnis selbstverständlich inklusive: Die „Windbuchen" sind als bizarres Phänomen ein fotografisches Highlight. Im Winter bietet der Hausberg Ski- und Rodelhänge für die ganze Familie.

Eine besondere Attraktion ist das Museumsbergwerk. Über 700 Jahre lang, bis 1954, wurde im Schauinsland Bergbau betrieben. Silber, Blei und Zink bestimmten das Auskommen der Bergleute, die bis zum 16. Jahrhundert in zwei Siedlungen auf dem Schauinsland lebten. Noch zu Beginn des 20. Jahrhunderts waren rund 250 Bergleute auf 22 Sohlen im 100 Kilometer langen Grubennetz beschäftigt. Die Besichtigung der Stollen im Museumsbergwerk Schauinsland ist vom Frühsommer bis Anfang November immer mittwochs, samstags und sonntags, im Juli und August täglich möglich. Es gibt Führungen von eineinhalb- und zweieinhalbstündiger Länge. Zusätzlich werden 45-minütige Familienführungen angeboten. Ein spannender Ausflug für alle mit „Abenteuerlust und Pioniergeist", wie die entsprechende Website verheißt. Auch ein Teil des kollektiven Gedächtnisses lagert im Schauinsland: Der ausgebaute Barbarastollen wird seit 35 Jahren als „zentraler Bergungsort der Bundesrepublik Deutschland" für „fotografisch archivierte Dokumente mit hoher national- und kulturhistorischer Bedeutung" genutzt und gilt mit mehr als 28 000 Kilometern Mikrofilm und 850 000 000 Aufnahmen als das größte europäische Archiv der Langzeitarchivierung. Die Krönungsurkunde von Otto dem Großen aus dem Jahr 936 lagert hier einträchtig neben der Bannandrohung gegen Martin Luther von 1520 und den Bauplänen des Kölner Doms sowie den geretteten Beständen des 2009 eingestürzten Historischen Archivs der Stadt Köln mit über zehn Millionen Aufnahmen.

Einblick in vergangene Zeiten bietet ein Besuch im Bauernhofmuseum Schniederlihof am Südhang des Schauinslands. Einfühlsam und nachhaltig beeindruckend erzählen Einheimische in dem kleinen, 1592 erbauten Bauernhaus, in dem sich Wohn-, Stall- und Wirtschaftsräume unter einem

Hofsgrund

Dach befinden, vom rauen Leben eines Schwarzwaldbauern in den vergangenen 400 Jahren – auch davon, wie die Kinder sich täglich durch den über fünf Kilometer langen Kappler Stollen von Hofsgrund nach Kappel zur Schule und zurückkämpften. Im Volksmund „Hebammentunnel" genannt, weist er auf die weitere Nutzung hin.

Das vom Kiepenheuer-Institut für Sonnenphysik betriebene Sonnenobservatorium kann an fünf Tagen zwischen Mai und September nach Anmeldung und mit Führung besichtigt werden. Die Luftmessstation des Umweltbundesamtes und des Bundesamtes für Strahlenschutz misst die Konzentration von Luftschadstoffen in der Atmosphäre.

Auch die nähere Umgebung des Schauinsland ist ausgedehnte Streifzüge wert: Eine Fahrradtour an der Dreisam entlang, durch Kirchzarten, Richtung Oberried und weiter ins St. Wilhelmer Tal, gehört zu den schönsten Landpartien rund um Freiburg. Gut Konditionierte wagen gar die Strampelei hinauf auf den Berg. Allerdings geht es auch weniger schweißtreibend: Per Bahn und Bus ist man innerhalb kürzester Zeit am Ziel aller Wünsche, kann von jedem Halt aus die phantastische Gegend erkunden und neue Entdeckungen machen. Selbstverständlich auch gastronomischer Art: Viele Berggasthäuser laden mit frischen regionalen Produkten zur Einkehr, im Dreisamtal sind die gastronomischen Stätten ebenso zahlreich wie typisch badisch. In der „Erlenbacher Hütte" kann man gar im Stroh übernachten.

Dass kleine, kaum beachtete Nebenstrecken lohnende Überraschungen bergen, bestätigt sich rund um den Schauinsland auf beeindruckende Weise: Grünste Täler, kleinste Weiler, gastlichste Einkehrmöglichkeiten machen eine Tour am Freiburger Hausberg zu unvergesslichen und gerne wiederholten Erlebnissen. Der Besucher ist jederzeit und überall willkommen, muss nichts tun – außer sich einzulassen auf die Natur, gastliche Menschen und sich selbst. Was könnte schöner sein?

Windbuchen

Eugen-Keidel-Turm

Schauinslandbahn der Freiburger Verkehrs AG

Freiburger Verkehrs AG
Schauinslandbahn

Bohrerstraße 11
79289 Horben

Telefon 07 61 / 4 51 17 77
www.schauinslandbahn.de

VAG-Zentrum

Besançonallee 99
79111 Freiburg

Telefon 07 61 / 45 11-0
www.vag-freiburg.de

Tolle Einblicke, schöne Aussichten: Der Name Schauinsland spricht für sich. Am umweltfreundlichsten, bequemsten und spektakulärsten lässt sich der Freiburger Hausberg per Seilbahn erobern: 15 bis 20 Minuten ist man mit einer Geschwindigkeit von maximal vier Metern pro Sekunde schwebend unterwegs, das Tal rückt in die Ferne, der Blick weitet sich und man wird selbst zum Himmelsstürmer. Möglich macht's die Schauinslandbahn der Freiburger Verkehrs AG.

Als die erste Personenseilbahn der Welt nach dem Umlaufprinzip nach dreijähriger Bauzeit im Juli 1930 in Betrieb genommen wurde, waren ihr jahrzehntelange Diskussionen und Planungen vorausgegangen. Zeitweise war gar eine Eisenbahnlinie favorisiert worden. Doch 1928 schließlich erteilte das Badische Staatsministerium die Konzession, der Bürgerausschuss der Stadt genehmigte den Bau der Seilschwebebahn und übernahm eine Bürgschaft in Höhe von 1,1 Millionen Reichsmark.

Heute ist die längste Kabinen-Seilumlaufbahn Deutschlands längst nicht mehr umstritten, bewältigt die 3,6 Kilometer und 746 Meter Höhenunterschied in angemessenem Tempo und bringt die Gipfelstürmer sicher, barrierefrei und noch dazu mit 50-mal weniger CO_2 als ein PKW-Ausflügler auf den Hausberg, so eine Studie des Fraunhofer Instituts. Bis zu 700 Menschen pro Stunde transportieren die 37 schaffnerlosen Kabinen bei ganzjährigem Betrieb zwischen 9 und 17 beziehungsweise 18 Uhr (Juli bis September).
Nicht nur ein Panoramablick allererster Güte auf die Stadt bis hin zu Kaiserstuhl und Vogesen belohnt die Besucher. Es gibt viel zu erleben in der „Bergwelt Schauinsland“: „Das gut ausgeschilderte Wanderwegenetz und die vielfältigen Attraktionen wie Downhill-Roller, Museums-Bergwerk, Bauernhausmuseum Schniederlihof und gemütliche Gasthäuser lassen Ihren Ausflug zum Erlebnis werden“, wirbt die Freiburger Verkehrs AG um die

Gäste. Auch in der Kabine selbst kann man sich kulinarisch verwöhnen lassen: Die „Kulinarische Seilbahn" für Gruppen, die Schwarzwälder Spezialitäten unterwegs genießen möchten, macht's möglich. Einmal monatlich kann man gar hinter die Kulissen schauen: Die offene Technikführung zeigt, wie die Bahn funktioniert.
Besondere Vergünstigungen der mobilen Art bietet die auch online erhältliche „Welcome Card" des Regio-Verkehrsverbundes Freiburg (RVF): Der Inhaber kann drei Tage lang alle Verkehrsmittel innerhalb des Verbundgebietes uneingeschränkt nutzen – und dabei so oft auf den Schauinsland schweben, wie er mag. Aber auch im Tal lässt sich mit der Freiburger Verkehrs AG viel erleben: „Sommerlinie", „Partywagen", „Safer Traffic" und „Erlebniswagen" sind begehrte Angebote für Erwachsene, Kinder werden in der „Klimaklasse" auf die sichere und umweltfreundliche Teilnahme am Straßenverkehr vorbereitet und bei Jugendlichen genießt „unter 25" Kultstatus. Alle Angebote sind in speziellen Flyern und Broschüren sowie auf der Internetseite abrufbar.

Hotel Die Halde

Hotel Die Halde
Lucia & Martin Hegar

Halde 2
79254 Oberried-Hofsgrund

Telefon 0 76 02 / 9 44 70
Telefax 0 76 02 / 94 47 41
www.halde.com

Auftanken, Abstand vom Alltag finden, die Seele baumeln und sich verwöhnen lassen: All das ist im Hotel Halde am Schauinsland gegeben. Die perfekte Gastfreundschaft der Familie Hegar und ihrer Mitarbeiterinnen und Mitarbeiter ist Garant für eine Auszeit vom Feinsten. Die Welt auf 1 147 Metern Höhe bietet die Basis zur Innenschau in der Natur, ist idealer Ausgangspunkt für Sommer- und Wintersport sowie Freizeitaktivitäten zu jeder Jahreszeit. Das Hotel ist mehrfach zertifiziert und rangiert in der Top-Liste der „Wellness Star Hotels".

Von Freiburg kommend, sich immer weiter den Hausberg Schauinsland hinaufschraubend, gewinnt man schon das Andere-Welt-Gefühl. Angekommen fühlt man sich gleich abgehoben, aller Sorgen ledig. Fast im Freien sitzt man im Kaminzimmer, genießt die ruhige Atmosphäre, das Prasseln des Kamins, das Rascheln der Zeitungen, den perfekten Cappuccino und den legendären Halde-Kuchen.

Der Blick fällt durchs Panoramafenster in die Natur. Nichts als Natur. Die Architektur hat sich ein Vorbild genommen: Die Werkgruppe Lahr um den Architekten Carl Langenbach hat das alte Gebäude ebenso respektvoll wie stimmig renoviert. Kein Manierismus: Form, Farbe und Materialien orientieren sich an der Ur-Halde und führen doch ein selbstbewusstes Eigenleben. „Aus der Distanz ein fast verschwindender Punkt, eingebettet in die Landschaft des Schwarzwaldes, ist sie ein Ausrufezeichen", beschreibt der Hausprospekt die Annäherung an die Erholungslandschaft im Nahbereich. Seit 700 Jahren ist dieser Ort eine

Einkehr für Wanderer, seit Wiedereröffnung vor zehn Jahren auch für Menschen, die sich eine Auszeit gönnen möchten, eine kleine Flucht aus dem Alltag. Das gelingt hier aufs Beste und wird von den Gästen aus dem Dreiländereck häufig und mit wachsender Begeisterung wahrgenommen. Lucia und Martin Hegar sind Gastgeber in Vollendung und im Wortsinn: Mit ihren 70 Mitarbeitern in Service, Küche, Wellness-Bereich sind sie stets unauffällig präsent und um das Wohl der Gäste bemüht. 24 Doppelzimmer und 14 Appartements, mit heimischen Hölzern gestaltet und mit unaufdringlichem Komfort ausgestattet (Leihbademantel, Saunatücher, Safe, TV, Telefon und LAN), warten auf die Gäste. In der großzügigen Hotellobby, in den Treppenhäusern und Gängen spiegelt sich die Geschichte des Hauses in Gemälden und Fotografien. Fritz Kaisers Landschaftsbilder aus den 1920er- bis 1950er-Jahren wurden aus dem Vorgängerbau übernommen und geben einen authentischen Eindruck von einer längst vergangenen Zeit wieder.

Die Halde-Küche ist ein Gaumengedicht für sich: Die traditionellen, denkmalgeschützten Gaststuben aus dem Jahr 1677, die 1998 behutsam renoviert wurden, sind täglich von 12 bis 21:30 Uhr geöffnet, die Sonnenterrasse bietet 80 Sitzplätze. Heimische Erzeuger liefern regionale Produkte.

Das Wild stammt aus den umliegenden Jagden, das überall im Haus gereichte Wasser kommt unmittelbar aus der Bergquelle des Hauses. Die besten Trauben sind nicht fern, sie wachsen unten im Markgräflerland und Kaiserstuhl, im urigen Weinkeller findet sich manch guter Tropfen aus der badischen Weinlandschaft, und der legendäre Halde-Kuchen sorgt für ein wohliges Bauchgefühl. Im Schauinslandsaal mit Panoramablick lässt das opulente Landfrühstücks-Buffet (täglich von 7:30 bis 12 Uhr) keine Wünsche offen. Nachmittags wird hier ein kleines Vesper gereicht: Ein Süppchen, ein Salat, ausgesuchte Leckereien aus der Patisserie sättigen ohne zu beschweren. Wer sich auf eine Wanderung begibt, wird mit Rucksackvesper für die Tour versorgt.

Das Badehaus lässt sich von den Zimmern aus auf direktem Wege erreichen. Einfach den flauschig-weichen weißen Bademantel überstreifen und mit dem Aufzug nach unten schweben. Das Angebot ist überwältigend: Finnische Sauna, Kräuter-Biosauna, Kräuterdampfbad, Kneippbereich, Fußbad mit Wärmebänken, Ruhe- und Rückzugsräume mit Panoramablick, Bewegungs- und Fitnessraum, Einzel-Whirlpool, Solarium sowie ein Familienbereich mit Hallenbad, Sauna und Dampfbad werden von den Gästen freudig und häufig angenommen. Acht Behandlungsräume für Massagen, Kosmetik, Ayurveda, Traditionelle Tibetische Medizin, Bäder, Day & Night Spa lassen den Aufenthalt für Lang- und Kurzzeit-Reisende zum Schönheitsurlaub werden. Das Partner-Spa mit Partner-Sauna, Ruhebereich und Partnerwannen wird nicht nur von Flitterwöchnern genossen. Besondere Attraktion ist in den Sommermonaten der Naturbadeteich, über den die Gäste in den höchsten Tönen schwärmen: „Was für ein wunderbar natürliches Erlebnis!"

Ob Sonne, Wind, Wolken, Regen, Schnee oder Nebel: Alles ist hier gleichermaßen nah und intensiv. Saisonale Angebote machen die Halde zu einem in jedem Moment zu genießenden Ort. „Hier oben ist es ganz anders als unten im Tal", lacht die Direktionsassistentin Caroline Knoblich, „wenn unten alles im Nebel liegt, scheint hier oben die Sonne. Manchmal ist es auch genau umgekehrt. Es ist eine eigene Welt."

Das Erlebnis, in kürzester Zeit dem Matschwetter ins Wintermärchen zu entfliehen hat ebensolche Reize wie die kühle frische Luft im Hochsommer. „Eines der Angebote passt immer zur jeweiligen Tagesform der Natur", bestätigt Martin Hegar, der seinen Gästen chefgeführte Wandertouren anbietet. Darüber hinaus gibt es besondere Anlässe, die gemeinsam begangen werden: Die Martini-Feier im November gehört ebenso dazu wie die Küchenparty im Dezember und das Sommerfest im Juli.

Die 70 Mitarbeiterinnen und Mitarbeiter grüßen nicht nur von einer Fotowand, sondern sind jederzeit mit Namen ansprechbar, freuen sich darüber, Teil eines besonderen Ganzen zu sein. „Man spürt die Handschrift von Lucia und Martin Hegar", sagt Caroline Knoblich, „sie zieht sich bis ins kleinste Detail durch das ganze Haus." Schon beim Frühstück werden die Gäste mit der „Morgenpost" vom Haus beglückt, in zwei Kochbüchern („Baden Schlemmerland") vereinen sich stimmungsvolle Aufnahmen des Freiburger Fotografen Achim Käflein mit sensiblen Betrachtungen und appetitanregenden Rezepten von Martin Hegar.
Was Hoteliers jenseits der puren Dienstleistung auszeichnet, machen Lucia und Martin Hegar in einfachen Worten deutlich: „Wir schätzen diesen Ort, wir lieben unseren Beruf, wir mögen die Menschen." So sprechen jene, die gefunden haben, was sie mit Freunden teilen möchten. Wer diese Gastfreundschaft einmal gespürt hat, kommt immer wieder.

Klosteranlage Oberried

Klosteranlage Oberried
Gemeinde Oberried

Klosterplatz 4
79254 Oberried

Telefon 0 76 61 / 9 30 50
Telefax 0 76 61 / 93 05 88
www.dreisamportal.de/oberried
www.klosterbibliothek-oberried.de
www.konzert-im-kloster.de

Die Klosteranlage in Oberried zwischen Kirchzarten und Todtnau hat es in sich: Von den Wilhelmiten nach der Vertreibung aus Freiburg 1684 erbaut und 1725 von den Benediktinern von St. Blasien übernommen, ist das Kloster inmitten idyllischer Landschaft ein Hort bedeutender Kunstwerke und bibliophiler Schätze. Kirchliche und weltliche Gemeinde teilen sich heute die Gebäude des Klosters, das 1806 im Rahmen der Säkularisation aufgehoben wurde.

Die Klosteranlage in Oberried gilt als der bedeutendste Renaissancebau des Breisgaus. Sie ist einer jener Orte, die man mit Muße für sich entdecken muss. Von außen trutzig, erschließt sich der Reichtum auf mehreren Ebenen der Kunst: Vom Wallfahrtskreuz aus der Mitte des 15. Jahrhunderts über die Altarfiguren aus der Hand des Freiburger Baumeisters und Bildhauers Johann Christian Wentzinger (1710 – 1797) bis zum „verborgenen“ ehemaligen Altargemälde „Mariae Krönung“ reicht die Spannbreite – und darüber hinaus: Das Tusculum, von den Einheimischen „Schlössle“ genannt, am Osthang des Goldbergs beherbergt ein imposantes Deckengemälde des Kunstmalers Johann Pfunner (1716 – 1788).
Im Kloster selbst ist ein Schatz allerersten Güte verborgen: Über 200 Jahre ruhten historisch wertvolle Bücher – teils über 500 Jahre alt – in den Schränken. Ein Teil der Bücher war 1806 beim Auszug der Mönche in den Räumlichkeiten des Klosters zurückgelassen worden, ein weiterer Teil gelangte durch Schenkungen oder Erbschaften in diese verborgene Bibliothek. Erst der aus Portugal stammende Pfarrer José Cabral machte nach seinem Amtsantritt 1995 die inzwischen auf über 2 600 Bände angewachsene Bibliothek der Öffentlichkeit zugänglich. Mit der Katalogisierung begann der Buchenbacher Restaurator Lothar Heitz vor 30 Jahren. Fünf Inkunabeln, die älteste eine Bibel von 1482, mehrere Bände aus Matthaeus Merians „Theatrum Europaeum“ sowie eine größere Zahl bedeutender Bücher des evangelischen Theologen und Goethe-Freundes Johann Kaspar Lavater werden vor dem atemlosen Besucher mit Samthandschuhen aufgeblättert.
Vor allem die Werke des Fürstabts Martin II. Gerbert von St. Blasien sind bemerkenswert: Der 1720 geborene, weltoffene Theologe, Historiker

und Musikhistoriker hat vielfältige Spuren hinterlassen. Durch Schenkungen und Ankäufe besitzt die Bibliothek inzwischen die wohl umfangreichste Sammlung von Originalausgaben der Werke dieses weitgereisten Abts, der neben theologischen Werken auch Bücher über seine Reisen verfasste und Kompositionen hinterließ. Seit 2004 hat es sich der Verein „Freunde der Klosterbibliothek Oberried e. V." zur Aufgabe gemacht, die wertvollen Schätze sachkundig zu lagern, zu bibliographieren, durch Neuanschaffungen zu komplettieren und die Klosterbibliothek einer breiteren Öffentlichkeit zugänglich zu machen. Jürgen W. Müller und Annette Vetter führen ebenso fachkundig wie wortgewandt durch die Räume und erläutern auch dem Unkundigen gerne die Einzigartigkeit der Pretiosen.

Ein Musikerlebnis besonderer Art verspricht die Reihe „Konzert im Kloster". Im stimmungsvollen Ambiente der akustisch hervorragenden Wallfahrtskirche, des lauschigen Innenhofs, des Kreuzgangs und des ehemaligen Refektoriums kommt alte Musik auf Original-Instrumenten zur Aufführung.

Martin Wiese

Martin Wiese
Steinbildhauer & Steinmetzmeister

Maierhof
79254 Oberried / St. Wilhelm

Telefon 0 76 02 / 4 19
Telefax 0 76 02 / 92 05 34
www.wiesestein.de

Auf dem Weg zum Schauinsland, 20 Kilometer von Freiburg entfernt, umgeben von unverfälschter Natur, hat sich der Steinbildhauer Martin Wiese im St. Wilhelmer Tal den historischen Maierhof als Wirkungsstätte erkoren. Hier entstehen – auch in Workshops – steinerne Zeitzeugen von faszinierender Intensität.

Wasser, Feuer, Luft, Erde: Die vier Elemente haben sich aus majestätischen Steinsäulen geschält und begrüßen den Besucher, weisen den Weg zu Martin Wiese, der seine Profession und Passion als Schöpfer steinerner Skulpturen lebt. Himmelslauscher und Weltenwächter, Siddhartha und Titania: Die Gesichter wirken harmonisch, mit geschlossenen Augen sind sie in Meditation versunken. Die Leitung des Wiederaufbaus einer monumentalen Bodhisattva-Statue im Südosten Sri Lankas hat in Martin Wiese eine bleibende Sehnsucht nach der Gelassenheit Ostasiens geweckt. Nach Architekturstudium, Ausbildung zum Steinmetz im Münsterland, Lehr- und Wanderjahren zu archäologischen Stätten in der Türkei, Afrika und eben Sri Lanka und nach einer Meisterausbildung zum Steinbildhauer, ist Martin Wiese seit 20 Jahren in St. Wilhelm am Schauinsland mit seiner Familie zu Hause. Der Maierhof, auf den Grundmauern eines Wilhelmitenklosters erbaut, steht auf einer kleinen Anhöhe am Rande einer eiszeitlichen Endmoräne. Das angrenzende Ökonomiegebäude dient als Bildhaueratelier. Werkstatt und Überdachungen im Außenbereich bieten mehrere Arbeitsplätze mit einem einzigartigen Blick auf den das Tal umschließenden Schwarzwald.

Stein ist das Material der Wahl. Mit gezielten Bearbeitungsmethoden haucht Martin Wiese dem Gestein Leben ein, holt das Wesen aus dem harten Material und kombiniert die einzelnen Elemente zu eindrucksvoll weichen Objekten. Quellsteine, Summ- und Klangsteine, Dreh- und Wippsteine und Lichtobjekte stellt er regelmäßig bei regionalen Ausstellungen vor. Seit 2008 entstehen vornehmlich gewichtige Säulen-Skulpturen, die unter dem Titel „Fragmente" Archetypen menschlichen Seins und Fühlens zeigen. Dank eines Kugellagers zwischen dem bearbeiteten Kopfstein und dem unbehauenen Körperstein sind die Skulpturen individuell variierbar.

Mehrmals jährlich ist der Maierhof Schauplatz von Workshops für Menschen, die sich eine Auszeit vom Alltag gönnen und eintauchen in die Beschäftigung mit Stein und Werkzeug, sich im Schaffensprozess verlieren und Zugang zu versteckten Talenten finden. Martin Wiese leitet an, gibt Tipps und verrät Tricks, teilt auch die Mahlzeiten und das abendliche Zusammensein mit den Teilnehmern im inspirierenden Umfeld. „Das gemeinsame Erlebnis und die eigene Arbeit am Stein ist für alle eine besonders intensive Erfahrung“, sagt der Künstler. Zu Beginn eines Workshops suchen die Teilnehmer sich ihr Arbeitsmaterial – Sand- oder Kalksteine – in einem Steinbruch oder im eigenen Steinlager aus, am Ende der erfüllten Tage nehmen sie die eigene „Schöpfung“ mit nach Hause.

Gasthaus Sternen-Post

Gasthaus Sternen-Post
Familie Triebswetter-Lutz

Hauptstraße 30
79245 Oberried

Telefon 0 76 61 / 98 98 49
Telefax 0 76 61 / 90 30 93
www.gasthaus-sternen-post.de

Mit vielen kulinarischen Sternen müsste das traditionsreiche gastliche Haus gegenüber des Klosters Oberried überschüttet werden, ginge es nach den Gästen der ehemaligen Poststation: Die Stammgäste schätzen die frische Küche und unaufgeregte Atmosphäre, die das Ehepaar Triebswetter-Lutz in Kulinarik und Ambiente geschaffen hat.

Dass man „dem Leib etwas Gutes bieten solle, damit die Seele Lust hat darin zu wohnen", wusste schon Winston Churchill. In Oberried hat man daraus ein Motto für Gastronomie und Aufenthalt vom Besten gemacht. 2006 hat die Familie Triebswetter-Lutz das historische Gasthaus aus dem Jahr 1875 komplett renoviert und ein Schmuckstück mit zwei Stuben im Landhausstil gezaubert. Alle Möbel stammen aus der Umgebung und sind aus heimischen Hölzern gefertigt. Die Sonnenterrasse bietet freien Blick auf die Klosteranlage und Kirche, auf weite Wiesen und die Berge des Schauinsland-Gebiets. Fünf geräumige Doppelzimmer in unterschiedlichen Größen werden ergänzt durch eine geschmackvoll eingerichtete, moderne Ferienwohnung auf dem Gartengrundstück mit Zugang zur Brugga, einem kleinen Fluss, der direkt an der Sternen-Post vorbeiplätschert.

Aus der Brugga stammen auch die Forellen, die Küchenchef Bernd Lutz – ein gebürtiger Schwabe – fangfrisch auf den Tisch bringt. Ein gutes Symbol für die Treue zu den umliegenden Erzeugern, von denen das sechsköpfige Küchenteam seine grundehrlichen Produkte bezieht. Lutz, der sich seine Meriten unter anderem als Sous-Chef im Freiburger „Colombi" verdient hat, kocht mit bodenständiger Raffinesse das, was die Jahreszeiten bieten: Kalbfleisch von einem Biohof der nächsten Ortschaft St. Wilhelm, Ziegen aus Horben, Gemüse und Obst aus Forchheim, Wild wie Maibock und Wildschwein von heimischen Jägern – alles fein, frisch und sorgfältig auf den Punkt zubereitet. Lutz' Spezialität sind Schmorgerichte wie Zicklein und Kalbsbäckchen. „Langsam und mit Liebe" müsse man da vorgehen, lächelt der Chef. Auf der Weinkarte finden sich südbadische Spezialitäten

aus dem Markgräflerland, dem Kaiserstuhl und der Ortenau, auch von aufstrebenden „jungen wilden" Winzern, sowie handverlesene Tropfen aus Italien und Frankreich. Die Gäste fühlen sich willkommen und stets gut bedient: Rosemarie Triebswetter-Lutz kümmert sich zusammen mit vier engagierten Mitarbeitern aufmerksam und umsichtig um den perfekten Service in familiärer Atmosphäre.
So hat sich die Familie Triebswetter-Lutz innerhalb kürzester Zeit nicht nur in die Herzen und Mägen ihrer Gäste, sondern auch der Restaurantkritiker gekocht: Bereits zweimal wurde das Gasthaus Sternen-Post vom „Guide Michelin" mit einem Bib Gourmand und einem Bib Hotel und 2011 vom „Varta-Führer" und „Schlemmer-Atlas" ausgezeichnet. Als Gewinn gilt das Gasthaus Sternen-Post zu allen Jahreszeiten.

Gasthaus zum Raben

Gasthaus zum Raben
Steffen Disch

Dorfstraße 8
79289 Horben bei Freiburg

Telefon 07 61 / 55 65 20
Telefax 07 61 / 5 56 52 29
www.raben-horben.de

In Ägypten gilt er als Symbol für Weisheit, im Breisgau residiert der kluge glänzende Vogel zwischen Freiburg und Schauinsland: Das Gasthaus zum Raben ist ein Juwel mit langer Tradition, höchstpräsenter Gegenwart und vielversprechender Zukunft. Im kleinen Ort Horben, zehn Minuten von Freiburgs Innenstadt entfernt, haben Kirsten und Steffen Disch aus dem ältesten Gasthaus am Platz ein nachhaltiges Gourmeterlebnis gemacht. Genächtigt wird in charmanten Refugien mit modernstem Komfort.

Lange Zeit galt dieser gastliche Ort mit seiner 400 Jahre alten Tradition als beliebte Ausflugsgaststätte der Freiburger. Nicht nur Generationen von Studenten pilgerten zu Kartoffelsalat und Schäufele in den Biergarten. Dann, am Ende des vergangenen Jahrhunderts, verblasste der Glanz. Wie gut, dass der Freiburger Arzt und Kunstliebhaber Dr. Hans Berthold das Schmuckstück unter der Patina erkannte und in vierjähriger Arbeit behutsam restaurieren und mit modernster Technik versehen ließ. 2006 kehrte neues Leben im alten Gasthaus ein: Die Hotelfachfrau Kirsten Disch und der Koch Steffen Disch haben sich im renommierten Freiburger Colombi-Hotel kennen- und liebengelernt, eine Familie gegründet und sich im traditionellen Raben niedergelassen.

Als Spezialist für kulinarische Zaubereien ist Küchenchef Disch mit den Vorlieben seiner Gäste ebenso vertraut wie mit der Gleichung regional + saisonal + frisch = optimal. Die Raffinesse der Speisen im Raben liegt in der konsequenten Anwendung des Prinzips „Von allem nur das Beste". Und das stammt nicht selten direkt von nebenan. Ein überzeugendes Konzept, das sich herumspricht: Inzwischen ist das Gasthaus zum Raben beileibe kein Geheimtipp mehr. Ganze Pilgerfahrten zu einem der „Jeunes Restaurateurs d'Europe" finden statt. Man trifft sich zum kulinarischen Hochgenuss in der Rabenstube und zu Veranstaltungen im alten Gaststall, dem Tanzsaal, der Alten Scheuer. Hier findet von Oktober bis April einmal monatlich das „kulinarische Kino" mit auf den jeweiligen Film abgestimmtem Menü statt. Der legendäre Raben-Brunch zu ausgewählten Terminen vereint Gaumen- mit Musikfreuden, Kochkurse bieten dem Gast nicht nur Einblick in die Geheimnisse der gehobenen Küche, sondern ermuntern ihn auch zum Selbermachen. Arrangements wie „Cook, Eat and Sleep" vereinen alle Raben-Welten: Kochen, Essen, Übernachten in himmlischem Ambiente.

„Genießen auf höchstem Niveau" könne man im Raben, attestieren zufriedene Kunden. Sie seien „kulinarisch verwöhnt" worden, loben sie. Manche lassen sich gar zu einer Aufzählung typischer Kreationen hinreißen: „Ziegenfrischkäse vom Ringlihof mit mariniertem Radicchio und Himbeer-Honig-Vinaigrette, Variation vom Weiderind, gefüllter Topfenknödel ... Der Auftakt wird uns immer in Erinnerung bleiben: Schweinebäckchen und gebackene Blutwurst in Berglinsen mit Kartoffelpüree und Sauerkraut ..." Solcherlei gesättigt und beschwingt von den ausgesuchten Weinen fällt man höchst zufrieden in die Betten. Sechs Doppelzimmer machen den Aufenthalt im Raben zur perfekten Erholung.

Eckhof

Eckhof
Andreas & Christine Rees

Eckhofweg 1
79289 Horben

Telefon 07 61 / 29 02 86
Telefax 07 61 / 2 90 78 93
www.eckhof.biz

„Ach, da gibt es doch dieses tolle hausgemachte Eis!" Die Freunde sagen's mit einem Ausrufezeichen in der Stimme. Am liebsten würden sie mitkommen zum Bauernhof inmitten blühender Matten und grasender Kühe. Zum Ehepaar Andreas und Christine Rees, das in sechster Generation (mindestens!) den Eckhof bewirtschaftet. Wohl denen, die sich hier eine Ferienwohnung gemietet haben: Sie sind mittendrin im Eisparadies.

Dass das schmucke landwirtschaftliche Anwesen bald 250 Jahre alt wird, kann man wirklich kaum glauben. Zwischen Hexen- und Münstertal, auf 850 Metern Höhe, lebt die Familie Rees seit 1762. Vieles hat sich im Laufe der Generationen verändert, am meisten in den vergangenen 20 Jahren. Als Landwirt ausschließlich mit Milchwirtschaft und Grünschnitt eine Familie zu ernähren, ist schwierig geworden. Darüber könnte man lamentieren und jammern. Oder man überlegt sich Alternativen, um dort bleiben zu können, wo man aufgewachsen und verwurzelt ist. Andreas und Christine Rees gehören zu der Wir-packen's-an-Menschensorte und daher haben sie gehandelt: Was könnte man aus dem Ausgangsprodukt – beste Milch von 35 Schwarzwälder Kühen – noch machen? Käse und Joghurt, ja sicher, aber das ist weder originell noch innovativ. Außerdem wollten sich der Bauer und seine Frau ja auch im Produkt wiederfinden, wollten Natur und Produkt integrieren. Irgendwann und irgendwie – ganz genau kann das heute keiner mehr sagen – kamen die Eheleute auf Eis. Ein moderner Klassiker, inzwischen ganzjährig gefragt, den man selbst produzieren und vermarkten könnte. Ein Produkt, das eine Marktlücke füllt zwischen Großindustrie und kleinem Italiener.

Gedacht, getan: Seit Sommer 2002 erfreut sich das Eckhof-Eis stetig wachsender Beliebtheit. Zuerst nur in der Gastronomie im Umkreis von 50 Kilometern, bereits nach einem Jahr auch als Direktverkauf ab Hof. Milchspeiseeis aus frisch gemolkener Milch und Sahne, Vollfruchtsorbets mit sehr hohem Fruchtanteil – dafür gibt es nur eine Marketing-Empfehlung: probieren! Die Kunden sind begeistert, die EU-Zulassung mit ihren anspruchsvollen Hygienevorschriften erteilt, die Technik ausgelastet: „Es wächst in sich", sagt Andreas Rees. Voraussetzung für die Veredelung landwirtschaftlicher Produkte sei innovatives Denken – auch über den Horizont hinaus – und der Glaube an die Regionalität, die nicht als Gegensatz zur Globalisierung, sondern als sinnvolle Qualitätsoffensive verstanden werden müsse. Durchaus experimentierfreudig zeigt sich die Familie, wenn es um immer wieder neue Geschmackserlebnisse geht: 25 bis 30 Sorten Eis, darunter auch Exoten wie Ziegenquarkeis mit Schwarzwälder Tannenhonig und Haselnusskrokant, Trauben- und Biereis kann man vom 1. Mai bis 3. Oktober immer dienstags bis samstags von 14 bis 18 Uhr genießen.

Nicht nur das Eis ist ein zusätzliches Standbein des Eckhofs. Auch drei Ferienwohnungen zwischen 50 und 85 Quadratmetern bietet die Familie Rees ihren Gästen an. Geräumig und kuschelig zugleich, mit Blick auf herrlichste Schwarzwaldlandschaft, am Fuße des Schauinsland und nur 15 Kilometer von Freiburg entfernt.

Gasthaus & Hotel Schlegelhof

Gasthaus & Hotel Schlegelhof
Martin & Marianne Schlegel

Höfener Straße 92
79199 Kirchzarten (Ortsteil Burg-Höfen)

Telefon 0 76 61 / 50 51
Telefax 0 76 61 / 6 23 12
www.schlegelhof.de

Momente, die aus der Zeit fallen, kann man ganz in der Nähe des Alltags genießen und sich doch meilenweit davon entfernt fühlen. Im Gasthaus & Hotel Schlegelhof ist der Genuss im besten Sinne ganzheitlich. Landschaft, Sinne, Kochkunst, Ruhe und die Herzlichkeit der Gastgeber Martin und Marianne Schlegel verbinden sich zu einem Erholungserlebnis erster Güte.

„Wir haben so viel Schönes hier", strahlt Marianne Schlegel. Das zustimmende Lächeln des Gastes wird beim Menü des Küchenteams zum ausgeprägten Nicken. Zwischen „Bibiliskäs" mit Bratkartoffeln und Atlantik-Seeteufel sei alles drin – so hat erst kürzlich ein prominenter Gast von überregional medialem Gewicht auf den Punkt gebracht, was Martin Schlegels anspruchsvolle Küche ausmacht: die Orientierung an dem, was in der direkten Umgebung wächst und gedeiht, inspiriert von Köstlichkeiten aus aller Welt. Die heimische Natur liefert Rohstoffe vom Feinsten, eingekauft wird bei vertrauten Partnern, denen höchste Qualität genauso wichtig ist wie der Familie Schlegel. Auch Vegetarier kommen im Schlegelhof auf ihre Kosten: „Es ist sehr interessant und anspruchsvoll,

ein attraktives vegetarisches Gericht zu kochen", bestätigt der Küchenchef. Als ausgewiesener Weinliebhaber legt Martin Schlegel eine Weinkarte mit über 300 selbst ausgesuchten Posten aus der ganzen Welt vor. Neben Klassikern und neuen Wilden von bewussten Winzern gibt es hier auch Raritäten zu erschmecken.
Seit 1971 ist der Schlegelhof im Wohngebiet Kirchzarten-Höfen ein Begriff für Gastfreundschaft. Mit einem Café begannen Martin Schlegels Eltern die gastronomische Familienlaufbahn, später kamen Speisen und Übernachtungen hinzu. Seit 1997 sind Sohn Martin und seine Frau Marianne für die Geschicke dieser besonderen Entschleunigungs-Oase zuständig. Naturbewusstsein leite sie, sagen die Wirtsleute. Das sieht und spürt man, kann man riechen und schmecken: Die Einrichtung im Restaurant und der großzügigen Veranda kombiniert helles duftendes Zirbelholz aus Marianne Schlegels Vorarlberger Heimat mit viel Glas und schlichten Möbeln, im Naturgarten sitzt man mit Blick auf grüne Matten, blaue Berge und grasende Haflinger – die Füße im Gras, beschattet von alten Bäumen.
Die elf Zimmer laden in ihrer komfortablen zurückhaltenden Ausstattung mit wohlgesetzten farblichen Akzenten zum Entspannen ein, der Korb für den Aufenthalt im Wellnessbereich ist schon gepackt. Neben einer finnischen Sauna, einem Sanarium mit Farb- und Aromatherapie, Vitalduschen und einer Kneippecke werden ausgesuchte Behandlungen für Gesicht und Körper angeboten. Der großzügige Ruheraum bietet direkten Zugang zum Naturgarten. Menschen, die Ruhe suchen, sind im Schlegelhof ebenso gut aufgehoben wie aktive, sportliche Zeitgenossen. Direkt vom Haus aus kann man loswandern, per Fahrrad das Dreisamtal erkunden oder die Schwarzwaldhänge per Mountainbike erobern. Rundum zufrieden, gestärkt an Körper, Geist und Seele verlässt der Mensch diese Stätte, an der er sich aufmerksam beachtet fühlte. Er wird wiederkehren …

Erholung an der Dreisam

Alles auf einen Blick

20_Alte Wache – Haus der badischen Weine Freiburg
Geschäftsführerin: Alixe Winter
Münsterplatz 38
79098 Freiburg
Telefon 07 61 / 20 28 70
Telefax 07 61 / 2 02 87 13
service@alte-wache.com
www.alte-wache.com

98_bailando
DanceWear & Shoes
Kirsten Schöller
Bismarckallee 2 (beim Konzerthaus)
79098 Freiburg
Telefon 07 61 / 2 85 63 60
info@bailando-dancewear.de
www.bailando-dancewear.de

60_ChezFine
Josefine Jegal
Kartäuserstraße 54/56
79102 Freiburg
Telefon 07 61 / 38 84 59 88
www.chezfine.de

134_Clarion Hotel Hirschen
Cornelius & Werner Baumgartner
Breisgauer Straße 47
79110 Freiburg
Telefon 07 61 / 8 97 76 90
Telefax 07 61 / 8 79 94
info@clarion-hotel-freiburg.de
www.clarion-hotel-freiburg.de

92_Culinara Zoller Genusskultur
Günter & Adelheid Zoller
Konviktstraße 21-23
79098 Freiburg
Telefon 07 61 / 3 75 36
Telefax 07 61 / 2 02 29 01
info@culinara-freiburg.de
www.culinara-freiburg.de

52_Domani Möbelwerkstatt GmbH
Thomas Link
Römerweg 4
79291 Merdingen
Telefon 0 76 68 / 92 91
Telefax 0 76 68 / 9 44 61
info@domani-moebel.de
www.domani-moebel.de

130_Dynamic Spirit
Flugschule
Jan Harlfinger
Am Flughafen 8
79108 Freiburg
Telefon 07 61 / 5 03 62 70
Mobil 01 71 / 1 76 35 01
takeoff@dynamicspirit.de
www.dynamicspirit.de

182_Eckhof
Andreas & Christine Rees
Eckhofweg 1
79289 Horben
Telefon 07 61 / 29 02 86
Telefax 07 61 / 2 90 78 93
Rees.eckhof@t-online.de
www.eckhof.biz

100_Effinger Living & Clothing
Jasmin Effinger
Oberlinden 1
79098 Freiburg
Telefon 07 61 / 2 11 98 94
info@effinger-living.de

48_Elly Frey
Friseurmeisterin
Büggenreuterstraße 1
79106 Freiburg
Telefon 07 61 / 2 02 27 20
friseur-elly-frey@online.de
www.friseur-elly-frey.de

160_Emotion Café-Restaurant & mehr
David Jäger
Landvogtei 6
79312 Emmendingen
Telefon 0 76 41 / 31 13
Telefax 0 76 41 / 9 54 33 77
info@emotion-cafe.de
www.emotion-cafe.de

106_ETCETERA
Maureen Winterhager
Grünwälderstraße 19
79098 Freiburg
Telefon 07 61 / 3 83 99 23
etceterantik@gmx.de
www.etceterantik.com

148_Faude feine Brände
Florian Faude
Bergstraße 18
79268 Bötzingen
Telefon 0 76 63 / 6 07 52 55
Telefax 0 76 63 / 6 07 52 56
office@faude-feine-braende.com
www.faude-feine-braende.com

118_flac bags & accessoires
Carolin Niemann
Bertoldstraße 20
79098 Freiburg
Telefon 07 61 / 3 83 86 44
Telefax 07 61 / 3 83 86 46
contact@flac-freiburg.de
www.flac-freiburg.de

94_florale werkstatt
Christian Weiß
Rathausgasse 12 / Ecke Universitätsstraße
79098 Freiburg
Telefon 07 61 / 5 90 03 87

116_Freiburger Leder Haus
Carolin Niemann
Rathausgasse 4
79098 Freiburg
Telefon 07 61 / 3 12 01
Telefax 07 61 / 2 32 73
info@freiburger-leder-haus.de
www.freiburger-leder-haus.de

18_Freiburger Münsterbauverein e. V.
Schoferstraße 4
79098 Freiburg
Telefon 07 61 / 3 34 32
Telefax 07 61 / 3 95 27
info@muensterbauverein-freiburg.de
www.muensterbauverein-freiburg.de

168_Freiburger Verkehrs AG
Schauinslandbahn
Bohrerstraße 11
79289 Horben
Telefon 07 61 / 4 51 17 77
info@schauinslandbahn.de
www.schauinslandbahn.de

32_Galerie pro arte
Amala Berges & Annett-Maria Berges
Gerberau 2
79098 Freiburg
Telefon 07 61 / 3 77 68
Telefax 07 61 / 28 66 02
info@galerieproarte.de
www.galerieproarte.de

112_Garçonne
Claudia Löslein
Gerberau 7b
79098 Freiburg
Telefon 07 61 / 2 23 99
c.loeslein@garconne.de
www.garconne.de

58_Garibaldi
Klaus Kratz
Talstraße 1a
79102 Freiburg
Telefon 07 61 / 7 07 18 00
Telefax 07 61 / 7 08 18 01
post@garibaldi-freiburg.de
www.garibaldi-freiburg.de

38_Goldschmiede im Schwabentor
Hanne Beyermann-Grubert
Schlossbergring 2
79098 Freiburg
Telefon 07 61 / 3 25 57
Telefax 07 61 / 3 25 43
team@goldschmiede-im-schwabentor.de
www.goldschmiede-im-schwabentor.de

170_Hotel Die Halde
Lucia & Martin Hegar
Halde 2
79254 Oberried-Hofsgrund
Telefon 0 76 02 / 9 44 70
Telefax 0 76 02 / 94 47 41
info@halde.com
www.halde.com

34_Himmelsbach Reinigung Färberei GmbH
Christian & Meinrad Himmelsbach
Gerberau 48
79098 Freiburg
Telefon 07 61 / 3 21 93
www.himmelsbach-reinigung.de

152_Hofgut Lilienhof
DMS Holding GmbH & Co. KG
Lilienhof 1
79241 Ihringen
Telefon 0 76 63 / 94 01 26
Mobil 01 78 / 1 41 00 14
info@hofgut-lilienhof.de
www.hofgut-lilienhof.de

150_Weinstube Holzöfele
Marianne & Peter Birmele
Bachenstraße 46
79241 Ihringen
Telefon 0 76 68 / 2 07
weinstube@holzoefele.de
www.holzoefele.de

62_Hotel Stadt Freiburg
Inhaber: Roland Burtsche
Geschäftsführerin: Dr. Kirsten Moser
Breisacher Straße 84
79110 Freiburg
Telefon 07 61 / 8 96 80
Telefax 07 61 / 8 09 50 30
info@hotel-stadt-freiburg.de
www.hotel-stadt-freiburg.de

50_inVito Lichtstudio
Markus Kenz
Scheffelstraße 27 / Ecke Talstraße
79098 Freiburg
Telefon 07 61 / 7 07 85 00
info@invito-lichtstudio.de
www.invito-lichtstudio.de

82_ip20.Einrichten
Geschäftsführer: Berthold Werner
Schopfheimer Straße 2
79115 Freiburg
Telefon 07 61 / 49 07 10
Telefax 07 61 / 4 90 71 71
info@ip20freiburg.de
www.ip20freiburg.de

174_Klosteranlage Oberried
Gemeinde Oberried
Klosterplatz 4
79254 Oberried
Telefon 0 76 61 / 9 30 50
Telefax 0 76 61 / 93 05 88
gemeinde@oberried.de
www.dreisamportal.de/oberried
www.klosterbibliothek-oberried.de
www.konzert-im-kloster.de

90_Die Küche
Marc Boehlkau
Wallstraße 12-14a
79098 Freiburg
Telefon 07 61 / 2 35 45
Telefax 07 61 / 3 14 99
info@diekueche.com
www.diekueche.com

144_LandhausTrautwein
Elsbeth Trautwein
Bahnhofstraße 37-39
79235 Vogtsburg-Oberrotweil
Telefon 0 76 62 / 94 94 84
Telefax 0 76 62 / 94 94 89
info@landhaustrautwein.de
www.landhaustrautwein.de

24_Langenbeck
Historische Türen – Historische Baustoffe
Florian Langenbeck
Mülhauser Straße 8
79110 Freiburg
Telefon 07 61 / 13 58 01
Telefax 07 61 / 13 58 02
langenbeck@historische-tueren.de
www.historische-tueren.de

44_LISA Damen
Renate Bau
Quartier Unterlinden
Unterlinden 9
79098 Freiburg
Telefon 07 61 / 3 64 21
Telefax 07 61 / 3 56 66
lisa-freiburg@t-online.de

LISA Herren
Im Colombi Hotel
Rotteckring 16
79098 Freiburg
Telefon 07 61 / 2 17 19 90

68_Manna – Die Spezerei
Café am Augustinerplatz
Café im Augustinermuseum
Rüdiger Grabowski
Salzstraße 28 / Augustinerplatz
79098 Freiburg
Telefon 07 61 / 2 90 96 64
mail@manna-die-spezerei.de
www.manna-die-spezerei.de

122_Melange
Bianca Felder
Eisenbahnstraße 64
79098 Freiburg
Telefon 07 61 / 2 92 22 55

162_kunsthalle messmer
Jürgen A. Messmer
Großherzog-Leopold-Platz 1
79359 Riegel am Kaiserstuhl
Telefon 0 76 42 / 9 20 16 20
Telefax 0 76 42 / 9 20 16 29
info@messmerfoundation.com
www.messmerfoundation.com

28_Das Möbelkabinett
Ingo Poersch
Tischlermeister
Konviktstraße 9
79098 Freiburg
Telefon 07 61 / 2 08 85 88
Telefax 07 61 / 2 08 85 88
poersch@moebelkabinett.de
www.moebelkabinett.de

128_Mundenhof Tier-Natur-Erlebnispark
Mundenhof 37
79111 Freiburg
Telefon 07 61 / 2 01-65 80
07 61 / 2 01-65 93 (KonTiKi)
Telefax 07 61 / 2 01-65 81
mundenhof@stadt.freiburg.de
www.freiburg.de/mundenhof

56_Omas Küche
Sabine Hahn-Kazums
Hildastraße 66
79102 Freiburg
Telefon 07 61 / 7 86 86
Telefax 07 61 / 7 07 35 82
info@omas-kueche.de
www.omas-kueche.de

120_Paris Passion
Aline Ferrié
Herrenstraße 49
79098 Freiburg
Telefon 07 61 / 3 49 40
Telefax 07 61 / 2 02 43 11
www.boutiqueparispassion.com

180_Gasthaus zum Raben
Steffen Disch
Dorfstraße 8
79289 Horben bei Freiburg
Telefon 07 61 / 55 65 20
Telefax 07 61 / 5 56 52 29
info@raben-horben.de
www.raben-horben.de

114_Rappelkiste für Klein und Groß
Schuhkistle
Gabriele Waßmer-Keck
Konviktstraße 10a
79098 Freiburg
Telefon 07 61 / 2 40 39
Telefax 07 61 / 2 02 25 10

26_Replicata
Verena Kohlbrenner & Florian Langenbeck
Mülhauser Straße 8
79110 Freiburg
Telefon 07 61 / 1 51 88 33
Telefax 07 61 / 1 51 88 34
info@replicata.de
www.replicata.de

184_Gasthaus & Hotel Schlegelhof
Martin & Marianne Schlegel
Höfener Straße 92
79199 Kirchzarten (Ortsteil Burg-Höfen)
Telefon 0 76 61 / 50 51
Telefax 0 76 61 / 6 23 12
info@schlegelhof.de
www.schlegelhof.de

96_schön & gut
Katharina Fritsche
Lorettostraße 30
79100 Freiburg
Telefon 07 61 / 4 88 01 76
kontakt@schoen-und-gut.eu
www.schoen-und-gut.eu

102_Schöner.
feinste Wäsche in Freiburg
Luzia Kern-Schöner
Münsterplatz 8
79098 Freiburg
Telefon 07 61 / 2 92 70 11
freiburg@schoener.me
www.schoener.me

136_Schöpflins Backhaus & Café
Martin & Martina Schöpflin
Markgrafenstraße 6
79115 Freiburg
Telefon 07 61 / 49 40 47
info@schoepflins-backhaus.de
www.schoepflins-backhaus.de

94_schwarzundwald
Simone Bohny & Nicole Nitschke
Rathausgasse 12 / Ecke Universitätsstraße
79098 Freiburg
Telefon 07 61 / 5 90 03 88
info@schwarzundwald.de
www.schwarzundwald.de

108_SeePerlen
Claudia Kennel
Salzstraße 25
79098 Freiburg
Telefon 07 61 / 2 02 38 25
info@seeperlen.de
www.seeperlen.de

140_Siebter Himmel
Weinromantik in Burkheim am Kaiserstuhl
Anita Weisflog-Funken
Mittelstadt 3
79235 Vogtsburg-Burkheim
Telefon 0 76 62 / 94 99 20
info@siebter-himmel.eu
www.siebter-himmel.eu

156_Dorothea Siegert-Binder
Wettelbrunner Straße 6
79219 Staufen
Telefon 0 76 33 / 8 06 00 63
info@siegert-binder.de
www.siegert-binder.de

84_Dr. Marcus Simon
Parodontologie, Implantologie & Restaurative Zahnheilkunde
Konviktstraße 21
79098 Freiburg
Telefon 07 61 / 3 38 17
Telefax 07 61 / 3 94 02
praxis@drsimon.de
www.drsimon.de

66_Smutje's
Catering
Carolin Rechenbach & Sebastian Trefzer
79098 Freiburg
Mobil 01 76 / 21 19 89 62
post@smutjes.de
www.smutjes.de

178_Gasthaus Sternen-Post
Familie Triebswetter-Lutz
Hauptstraße 30
79245 Oberried
Telefon 0 76 61 / 98 98 49
Telefax 0 76 61 / 90 30 93
info@gasthaus-sternen-post.de
www.gasthaus-sternen-post.de

36_Stiftungsweingut der Stiftungsverwaltung Freiburg
Betriebsleiter: Thomas Schneider
Jesuitenschloss
79249 Merzhausen bei Freiburg
Telefon 07 61 / 40 47 14
Telefax 07 61 / 4 09 89 81
info@stiftungsweingut-freiburg.de
www.stiftungsweingut-freiburg.de

154_Storchen Restaurant Hotel
Fritz & Jochen Helfesrieder
Felix-und-Nabor-Straße 2
79189 Bad Krozingen-Schmidhofen
Telefon 0 76 33 / 53 29
info@storchen-schmidhofen.de
www.storchen-schmidhofen.de

110_Tonny Pamudja
Lebensstil & Mode
Tonny Pamudja
Gerberau 19
79098 Freiburg
Telefon 07 61 / 2 92 72 23
www.tonnypamudja.de

Hauptstraße 31
79219 Staufen
Telefon 0 76 33 / 93 30 93

80_tout terrain Fahrräder & Ausrüstung oHG
Oliver & Stephanie Römer
Industriestraße 11
79194 Gundelfingen
Telefon 07 61 / 20 55 10 00
Telefax 07 61 / 20 55 10 19
info@tout-terrain.de
www.tout-terrain.de

142_trautwein & wagner
Johannes Trautwein, Lukas Wagner, Elsbeth Trautwein
Bahnhofstraße 37
79235 Vogtsburg-Oberrotweil
Telefon 0 76 62 / 94 94 87
Telefax 0 76 62 / 94 94 89
office@trautweinwagner.de
www.trautweinwagner.de

142_TrautweinTraining
Personal- & Unternehmensentwicklung
Elsbeth Trautwein
Bahnhofstraße 37-39
79235 Vogtsburg-Oberrotweil
Telefon 0 76 62 / 94 94 80
Telefax 0 76 62 / 94 94 89
mail@trautweintraining.de
www.trautweintraining.de

168_VAG-Zentrum
Besançonallee 99
79111 Freiburg
Telefon 07 61 / 45 11-0
vag@vagfr.de
www.vag-freiburg.de

72_Schuhe W. Venzl
Wilhelmstraße 38
79102 Freiburg
Telefon 07 61 / 3 93 60
venzl@gmx.de
www.werner-venzl.de

76_Via Sal
Pavlina Flügel
Salzstraße 20
79098 Freiburg
Telefon 07 61 / 3 86 96 44
Telefax 07 61 / 3 86 96 45
viasal.freiburg@gmx.de
www.viasal.de

158_Vinolivio
Lothar Scheer
Brühlstraße 13
79331 Teningen-Köndringen
Telefon 0 76 41 / 9 59 49 99
info@vinolivio.de
www.vinolivio.de

78_VIV GmbH
Trainings & Incentives
Axel Mueller-Hepburn
Schopfheimer Straße 11
79115 Freiburg
Telefon 07 61 / 45 62 62 90
Telefax 07 61 / 45 62 62 99
office@viv-gmbh.de
www.viv-gmbh.de

54_von blumen
Anja Cramer
Talstraße 3
79102 Freiburg
Telefon 07 61 / 3 84 46 26
info@vonblumen.de
www.vonblumen.de

74_Wallstraße 12
BlumenKunst – Café – Wein
Doris Brennig,
Carolin Rechenbach & Sebastian Trefzer
Wallstraße 12
79098 Freiburg
Telefon 07 61 / 38 31 31

176_Martin Wiese
Steinbildhauer & Steinmetzmeister
Maierhof
79254 Oberried / St. Wilhelm
Telefon 0 76 02 / 4 19
Telefax 0 76 02 / 92 05 34
info@wiesestein.de
www.wiesestein.de

138_Winzergenossenschaft Oberbergen im Kaiserstuhl eG
Geschäftsführer: Rolf Hofschneider
Badbergstraße 2
79235 Vogtsburg-Oberbergen
Telefon 0 76 62 / 9 46 00
Telefax 0 76 62 / 94 60 24
info@wg-oberbergen.com
www.wg-oberbergen.com

Besondere Adressen für Sie entdeckt ...

ISBN 978-3-86528-504-1
24,1 cm x 30,6 cm

ISBN 978-3-86528-497-6
24,1 cm x 30,6 cm
in französischer Sprache

ISBN 978-3-86528-509-6
24,1 cm x 30,6 cm

ISBN 978-3-86528-512-6
24,1 cm x 30,6 cm

ISBN 978-3-86528-495-2
24,1 cm x 27,6 cm

ISBN 978-3-86528-477-8
24,1 cm x 27,6 cm

ISBN 978-3-86528-481-5
24,1 cm x 27,6 cm

ISBN 978-3-86528-492-1
24,1 cm x 27,6 cm

ISBN 978-3-86528-486-0
24,1 cm x 30,6 cm

ISBN 978-3-86528-443-3
24,1 cm x 30,6 cm

ISBN 978-3-86528-502-7
24,1 cm x 30,6 cm

ISBN 978-3-86528-468-6
24,1 cm x 30,6 cm

Neu in unserem Programm

EINE KULINARISCHE ENTDECKUNGSREISE ...

(Buchformat: 24,1 x 30,6 cm)

... durch Südtirol
Alla scoperta dell'arte culinaria altoatesina
Cornelia Haller, Brigitte Frank
464 Seiten, Hardcover
in deutscher und italienischer Sprache
ISBN: 978-3-86528-506-5

... durch den Chiemgau
Petra Wagner, Christian Hacker
232 Seiten, Hardcover
ISBN: 978-3-86528-521-8

... durch Sachsen-Anhalt und den Harz
Anja Kummerow, Ingo Schmidt, Inka Schneider, Stefan Gräf, Reiner Kaltenbach
240 Seiten, Hardcover
ISBN: 978-3-86528-517-1

... durch Münsterland und Osnabrücker Land mit Emsland und Grafschaft Bentheim
Magdalena Ringeling, André Chales de Beaulieu
200 Seiten, Hardcover
ISBN: 978-3-86528-523-01

... durch Nürnberg – Städteregion und Land
Barbara Kagerer, Daniel Schvarcz
200 Seiten, Hardcover
ISBN: 978-3-86528-529-01

... durch Oberbayern – der Norden und das Altmühltal
Willfried Baatz, Heiderose Engelhardt, Kilian Blees, Thomas Rathay
200 Seiten, Hardcover
ISBN: 978-3-86528-474-7

TRENDS UND LIFESTYLE

(Buchformat: 24,1 x 27,6 cm)

OLYMPIAREGION SEEFELD
Albertine Sprandel, Daniel Schvarcz
144 Seiten, Hardcover
ISBN: 978-3-86528-513-3

FREIBURG UND BREISGAU
Sigrid Hofmaier, Andreas Gerhardt
200 Seiten, Hardcover
ISBN: 978-3-86528-514-0

DRESDEN
Cornelia Haller, Frank Grätz
136 Seiten, Hardcover
ISBN: 978-3-86528-508-9

Alle Titel erhalten Sie bei Ihrer örtlichen Buchhandlung.
Für weitere Informationen über unsere Reihen wenden Sie sich direkt an den Verlag:

UMSCHAU

Neuer Umschau Buchverlag
Theodor-Körner-Straße 7
D-67433 Neustadt / Weinstraße
☎ + 49 (0) 63 21 / 877-852
+ 49 (0) 63 21 / 877-866
@ info@umschau-buchverlag.de
www.umschau-buchverlag.de

© fotolia/Harmonie57

Impressum

Recherche

Volker Rückert, Lörrach

Texte

Sigrid Hofmaier, Freiburg im Breisgau

Sigrid Hofmaier, geb. 1956, lebt seit über 30 Jahren in Freiburg i. Br. Die freiberufliche Texterin, Redakteurin und Autorin ist ständig auf Entdeckungsreisen in der Nähe und Ferne und liebt die Begegnung mit Menschen, für die Leben und Arbeiten keine Gegensätze sind.
www.komtext.com

Fotografie

Andreas Gerhardt, Freiburg im Breisgau

Andreas Gerhardt, geboren und aufgewachsen in Freiburg i. Br., fotografiert mit dem Schwerpunkt People und Lifestyle und arbeitet für Agenturen, Verlage und kleine wie große Unternehmen (u. a. Dienstleister, Touristik). Das Spannende ist das Finden des einen Moments der immer wieder fasziniert.
www.photograph-ag.de

Lektorat

Katrin Stickel, Neustadt an der Weinstraße

Herstellung

Birgit Wucher, Neustadt an der Weinstraße

Gestaltung, Satz und Reproduktion

Kaisers Ideenreich, Neustadt an der Weinstraße
www.kaisers-ideenreich.de

Karte

Thorsten Trantow, Herbolzheim
www.trantow-atelier.de

Druck und Verarbeitung

NINO Druck GmbH, Neustadt an der Weinstraße
www.ninodruck.de

Printed in Germany
ISBN: 978-3-86528-514-0

Besuchen Sie uns im Internet

www.umschau-buchverlag.de

Titelfotografie

Andreas Gerhardt, Freiburg im Breisgau
www.photograph-ag.de

Wir bedanken uns für die freundlicherweise zur Verfügung gestellten Fotos bei:

Klaus Polkowski (S. 17 oben); Stiftungsverwaltung Freiburg, Fotograf: Jean Jeras (S. 37 oben links und unten); Hanne Beyermann-Grubert, Goldschmiede im Schwabentor (S. 38 oben und unten links); Domani Möbelwerkstatt GmbH, www.domani-moebel.de (S. 53 oben und unten links); von blumen, Fotograf: Thomas Bartl (S. 54/55); Sebastian Trefzer, smutjes GbR (S. 66 oben rechts und unten); Conny Ehm – Photography, Freiburg (S. 69 unten); ip20.Einrichten (S. 83); Rainer Muranyi, Freiburg (S. 102 oben); ©alexanderfischer.com (S. 116 unten und S. 117); Boutique Paris Passion (S. 120 oben und 121 unten); Klaus Echle (S. 128 oben und unten rechts); Wolfgang Deimling eK, Fotostudio für Werbung + Mode (S. 134 unten rechts und S. 135); Winzergenossenschaft Oberbergen (S. 138 unten rechts); TrautweinTraining (S. 142 oben); Udo Titz (S. 148 unten rechts); Vinolivio (S. 158 unten); Freiburger Verkehrs AG (S. 168 links); Jürgen W. Müller, Freunde der Klosterbibliothek Oberried e. V. (S. 175 oben rechts); Martin Wiese (S. 176 oben); Jessica Alice Hath Fotografie, Kirchzartener Straße 25, 79117 Freiburg (S. 184 unten).
Die Dekoration für die am Tage der Fotoaufnahmen von Hofgut Lilienhof (S. 152/153) stattfindende Hochzeit stammt von: Nicole Jacob – Gestalterin, Im Weilerberg 14, 77955 Ettenheim.